Arbeitsheft mit Lösungen

Medizinische Fachangestellte

Lernfelder 1 – 4

von
Andrea Hinsch
Ingrid Loeding

Verlag Handwerk und Technik · Hamburg

ISBN 978-3-582-58201-0
Best.-Nr. 58201
Arbeitsheft – 1. Auflage

ISBN 978-3-582-58202-7
Best.-Nr. 58202
Arbeitsheft mit Lösungen – I/1. Auflage

ISBN 978-3-582-58203-4
Best.-Nr. 58203
eLöser zum Arbeitsheft – I/1. Auflage

Verlag Handwerk und Technik GmbH,
Lademannbogen 135, 22339 Hamburg; Postfach 63 05 00, 22331 Hamburg – 2020
E-Mail: info@handwerk-technik.de – Internet: www.handwerk-technik.de

Satz und Layout: PER MEDIEN & MARKETING GmbH, 38102 Braunschweig
Umschlagmotiv: Hauptbild: stockfour/shutterstock.com; Randspalte links: 1 VRD/stock.adobe.com;
2 Robert Kneschke/stock.adobe.com; 3 Yuganov Konstantin/shutterstock.com
Druck: Elbe Druckerei Wittenberg GmbH, 06896 Lutherstadt Wittenberg

Inhaltsverzeichnis der Arbeitsblätter (AB)

Lernfeld 1: Im Beruf und Gesundheitswesen orientieren

Lernfeld 2: Patienten empfangen und begleiten

Lernfeld 3: Praxishygiene und Schutz vor Infektionskrankheiten organisieren

Lernfeld 4: Bei Diagnostik und Therapie von Erkrankungen des Bewegungsapparates assistieren

AB 1 Schweigepflicht

1. Entscheiden Sie, ob die folgenden Aussagen zur Schweigepflicht richtig oder falsch sind. Kreisen Sie die richtigen Buchstaben ein. Bei richtiger Lösung ergibt sich ein Lösungswort.

		Richtig	Falsch
1	Bei Meldungen nach dem Infektionsschutzgesetz ist der Arzt nicht an die Schweigepflicht gebunden.	(N)	K
2	Der behandelnde Arzt darf keine Auskünfte an den mitbehandelnden Arzt geben. Dieser muss alle wichtigen Informationen vom Patienten selbst bekommen.	B	(E)
3	Die Schweigepflicht gilt über den Tod eines Patienten hinaus.	(G)	L
4	Das Strafgesetzbuch legt fest, dass ein Bruch der Schweigepflicht mit Geldbuße oder Freiheitsstrafe bestraft werden kann.	(E)	A
5	Bei Minderjährigen unter 18 Jahren ist der Arzt gegenüber den Eltern nicht an die Schweigepflicht gebunden.	V	(S)
6	Die Schweigepflicht besteht nicht gegenüber Ehepartnern oder Familienmitgliedern des Patienten.	O	(M)
7	Bringt der Patient eine Vertrauensperson mit in das Sprechzimmer, dann muss der Arzt sich die Entbindung von der Schweigepflicht vom Patienten unterschreiben lassen.	R	(S)
8	Der Polizei gegenüber muss der Arzt über alle Belange des Patienten Auskunft geben.	D	(I)
9	Auskünfte über den Patienten an Krankenkassen dürfen nicht erfolgen.	K	(E)
10	Die Schweigepflicht gilt z. B. für die persönlichen Daten des Patienten, den Grund der Behandlung und Diagnosen, aber auch für familiäre oder wirtschaftliche Probleme des Patienten.	(I)	A
11	Die Schweigepflicht ist wichtig, damit der Patient Vertrauen zum Arzt haben kann und ihm vollständige und wahrheitsgemäße Auskunft gibt.	(H)	P

Lösungswort:

3	9	11	4	8	6	1	10	5	7	2
G	E	H	E	I	M	N	I	S	S	E

AB 2 Schweigepflicht und Datenschutz

1. Leider passieren immer wieder Fehler bei der Einhaltung des Datenschutzes in der Praxis. Welche Fehler werden hier gemacht, die gegen den Datenschutz verstoßen?

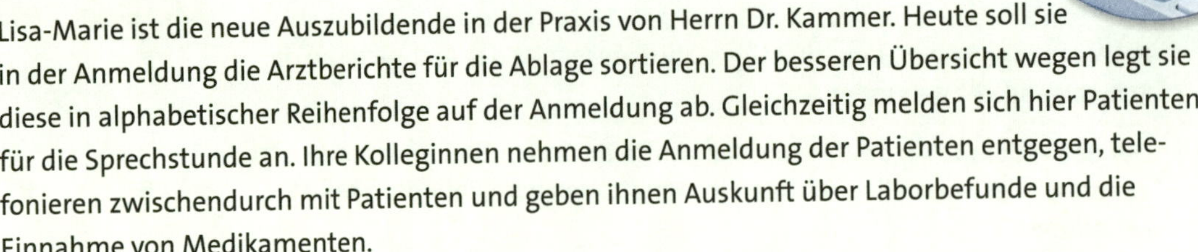

Lisa-Marie ist die neue Auszubildende in der Praxis von Herrn Dr. Kammer. Heute soll sie in der Anmeldung die Arztberichte für die Ablage sortieren. Der besseren Übersicht wegen legt sie diese in alphabetischer Reihenfolge auf der Anmeldung ab. Gleichzeitig melden sich hier Patienten für die Sprechstunde an. Ihre Kolleginnen nehmen die Anmeldung der Patienten entgegen, telefonieren zwischendurch mit Patienten und geben ihnen Auskunft über Laborbefunde und die Einnahme von Medikamenten.
Herr Dr. Kammer kommt in die Anmeldung und klagt darüber, dass die Karteikarten der im Sprechzimmer wartenden Patienten nicht auf dem Bildschirm erscheinen. Lisa-Marie geht daraufhin in das Sprechzimmer und ruft die Patientenakte auf. Sie lässt den Bildschirm angeschaltet, damit Herr Dr. Kammer gleich sieht, welchen Patienten er vor sich hat.

Leiten Sie aus der geschilderten Situation vier Regeln zur Einhaltung des Datenschutzes in der Praxis ab.

- *Persönliche und telefonische Gespräche mit Patienten, z. B. an der Anmeldung, müssen so geführt werden, dass andere Personen nicht mithören können.*
- *Bildschirme, z. B. an der Anmeldung sowie in Behandlungs- und Sprechzimmern, müssen so aufgestellt werden, dass sie nicht eingesehen werden können.*
- *Karteikarten, Akten und andere Schriftstücke müssen geschützt bzw. gesichert abgelegt werden, damit kein Unbefugter darin lesen kann.*
- *In Behandlungs- und Sprechzimmern müssen Bildschirme z. B. durch Passwörter gesichert werden, damit Unbefugte nicht in den Aufzeichnungen lesen können.*

2. Kreuzen Sie an, in welchen Fällen die Schweigepflicht gebrochen wurde.

- ☐ Sie treffen einen Patienten Ihrer Praxis beim Einkaufen. Dieser schildert Ihnen, dass die Tabletten gut helfen und sich sein Hautausschlag wesentlich gebessert hat.
- ☐ Sie melden eine Erkrankung nach dem Infektionsschutzgesetz.
- ☒ Sie teilen den Eltern einer 18-jährigen Patientin mit, dass der HIV-Test bei dem Freund ihrer Tochter positiv ist.
- ☐ Der Arzt informiert den Ehemann einer Patientin, die in der Praxis bewusstlos zusammengebrochen ist und in ein Krankenhaus eingeliefert werden muss.
- ☒ Sie telefonieren mit der Mutter einer 16-jährigen Patientin und teilen dieser mit, dass der Arzt ihrer Tochter die Anti-Baby-Pille verschrieben hat.
- ☐ Ihr Arzt informiert die Polizei, weil er den Verdacht hat, dass ein 4-jähriges Kind von seinen Eltern misshandelt wird.
- ☒ Ihre beste Freundin (auch MFA) erzählt Ihnen, dass ein berühmter Sänger in ihrer Praxis behandelt wird. Sie erzählen aufgeregt, dass Sie diesen Sänger kennen und dass seine Frau bei Ihnen in der Praxis behandelt wird.

AB 3 Berufsbildungsgesetz, Ausbildungsordnung und Ausbildungsvertrag

1. Entscheiden Sie, welche Regelung zur Berufsausbildung im Berufsbildungssetz (BBiG) oder in der Ausbildungsordnung (AO) steht. Kreisen Sie die richtigen Buchstaben ein. Die richtigen Lösungen ergeben ein Lösungswort.

		BBiG	AO
1	Die Inhalte des Ausbildungsvertrags müssen schriftlich niedergelegt werden.	(F)	Ä
2	Es ist festgelegt, dass ein schriftlicher Ausbildungsnachweis geführt werden muss.	K	(R)
3	Der Betrieb/die Praxis muss die Auszubildende/den Auszubildenden für den Besuch der Berufsschule freistellen.	(U)	B
4	Nur wer fachlich und persönlich geeignet ist, darf ausbilden.	(P)	M
5	Die Dauer und Inhalte der Ausbildung werden festgelegt.	Ü	(G)
6	Die festgelegten Regelungen gelten für alle dualen Berufsausbildungen.	(N)	L
7	Es werden die Anforderungen an die Abschluss- und Zwischenprüfungen festgelegt.	W	(Ü)

Lösungswort:

4	2	7	1	3	6	5
P	R	Ü	F	U	N	G

2. Das BBiG legt die zuständigen Stellen für die Berufsausbildung fest. Für den Beruf der MFA sind das die Ärztekammern. Welche Aufgaben haben diese bei der Ausbildung von MFA? Nennen Sie mindestens drei Aufgaben.

mögliche Antworten:

- *Überwachung der Eignung von Ausbildungsstätten*
- *Überwachung der Berufsausbildung*
- *Führen des Ausbildungsverzeichnisses*
- *Bildung von Prüfungsausschüssen*
- *Durchführung der Zwischen- und Abschlussprüfung*
- *Verkürzung oder Verlängerung der Ausbildungsdauer auf Antrag der Auszubildenden*

3. Kreuzen Sie an, welche der folgenden Angaben in einem Berufsausbildungsvertrag geregelt sein müssen.

		Ja	Nein
1	Gliederung und Ziel der Ausbildung	✗	
2	Dauer der regelmäßigen täglichen Arbeitszeit	✗	
3	Kostenbeteiligung an Arbeitsmaterialien		✗
4	Dauer des Jahresurlaubs	✗	
5	Verpflichtung, nach der Ausbildung in der Praxis zu bleiben		✗

AB 4 Ausbildungsvertrag

1. Ordnen Sie die folgenden Pflichten der Ausbilderin/dem Ausbilder oder der Auszubildenden/dem Auszubildenden zu, indem Sie die Aussagen unterschiedlich farbig verbinden.

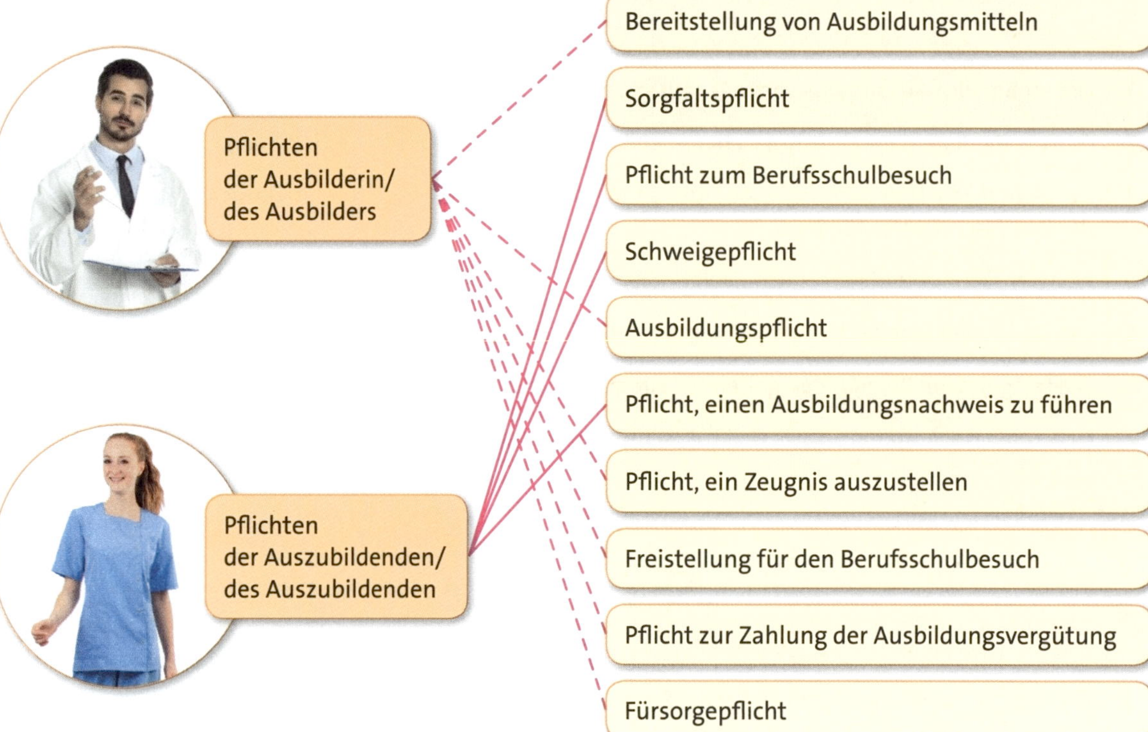

2. Ein Ausbildungsvertrag kann nur unter bestimmten Voraussetzungen aufgelöst werden. Entscheiden Sie, ob in den folgenden Fällen korrekt gehandelt wurde. Kreisen Sie die richtigen Buchstaben ein. Die richtigen Lösungen ergeben ein Lösungswort.

		Richtig	Falsch
1	Eine MFA hat aus der Geldbörse eines Patienten Geld gestohlen. Ihr Ausbilder kündigt sie fristlos.	(I)	K
2	Ein Ausbilder verlängert die Probezeit ohne Angabe von Gründen auf 6 Monate und kündigt nach 5 ½ Monaten fristlos.	E	(F)
3	In der Probezeit darf der Ausbildungsvertrag vom Ausbilder und von der Auszubildenden ohne Angabe von Gründen aufgelöst werden.	(P)	R
4	Möchte eine auszubildende MFA im 2. Ausbildungsjahr nicht weiter MFA lernen, kann sie den Ausbildungsvertrag mit einer 4-Wochen-Frist kündigen.	(C)	A
5	Eine Lösung des Ausbildungsvertrages kann in der Probezeit nur aus wichtigen Gründen erfolgen.	B	(T)
6	Der Ausbildungsvertrag wird vom Ausbilder in einem Gespräch mit der Auszubildenden mündlich aufgelöst.	W	(L)
7	Eine Ausbilderin löst einen Ausbildungsvertrag, weil die Auszubildende nachweislich die Schweigepflicht gebrochen hat.	(H)	Z

Lösungswort:

3	2	6	1	4	7	5
P	F	L	I	C	H	T

AB 5 Jugendarbeitsschutzgesetz

1. Setzen Sie die unten vorgegebenen Zeitangaben in die Textlücken ein, sodass die Aussagen dem Jugendarbeitsschutzgesetz entsprechen.

| 30 Minuten | 60 Minuten | 5 Unterrichtsstunden | 8 Stunden | 10 Stunden | 12 Stunden |
| 40 Stunden | 27 Werktage | 6 Uhr | 20 Uhr |

Nach dem Jugendarbeitsschutzgesetz (JArbSchG) sind z. B. Akkord- und Fließbandarbeiten für Jugendliche verboten. Für den Besuch der Berufsschule muss der Jugendliche freigestellt werden. Ein Berufsschultag von mehr als *5 Unterrichtsstunden* gilt als ein ganzer Arbeitstag. Die Arbeitszeit eines Jugendlichen unter 18 Jahren soll höchstens *8 Stunden* am Tag und maximal *40 Stunden* in der Woche betragen. Bei Schichtarbeit darf die Arbeitszeit einschließlich der Pausen nicht mehr als *10 Stunden* betragen. Zwischen zwei Arbeitstagen müssen mindestens *12 Stunden* Freizeit liegen. Bei einer Arbeitszeit von mehr als sechs Stunden muss die Pause *60 Minuten* betragen, bei einer Arbeitszeit von viereinhalb bis sechs Stunden *30 Minuten*. Eine Beschäftigung vor *6 Uhr* morgens und *20 Uhr* abends ist nach dem JArbSchG nur in wenigen Ausnahmefällen erlaubt. Der Urlaubsanspruch richtet sich nach dem Alter des Jugendlichen: Ist er zu Beginn des Kalenderjahres z. B. noch nicht 17 Jahre alt, dann erhält er *27 Werktage* Urlaub.

2. Welche Personen gelten nach dem JArSchG als Kinder?

Als Kinder gelten Personen unter 15 Jahren.

3. Welche Tätigkeiten dürfen Kinder unter 15 Jahren beispielsweise ausüben?

Kinder unter 15 Jahren dürfen z. B. Zeitungen austragen, Nachhilfeunterricht geben, Haustiere betreuen, Botengänge erledigen und einkaufen.

AB 6 Mutterschutzgesetz, Bundeselterngeldgesetz und Elternzeitgesetz

1. Entscheiden Sie, in welchem Gesetz die folgenden Aussagen zu finden sind, indem Sie die Gesetze durch eine Linie mit den entsprechenden Aussagen verbinden.

Gesetze	Aussagen
Mutterschutzgesetz	Wenn ein berufstätiges Elternteil zu Hause bleibt, erhält es ca. 65–67 % des Nettoeinkommens.
Bundeselterngeldgesetz	Eltern können vom 1. Tag bis zum vollendeten 3. Lebensjahr des Kindes Elternzeit in Anspruch nehmen.
Elternzeitgesetz	Ein Elternteil kann höchstens 36 Monate Elternzeit in Anspruch nehmen.
	Während der Schwangerschaft und bis 4 Monate nach der Entbindung besteht ein besonderer Kündigungsschutz.
	Elterngeld kann von einem Elternteil höchstens 12 Monate bezogen werden.
	Ein Beschäftigungsverbot besteht bei Einlingen 8 Wochen nach der Entbindung.

2. Entscheiden Sie, ob die folgenden Aussagen zum Mutterschutzgesetz richtig oder falsch sind.

		richtig	falsch
1	Während der Schwangerschaft sind schwere und gefährliche Arbeiten verboten.	✗	
2	Nachtarbeit ist auf freiwilliger Basis bis zum 6. Schwangerschaftsmonat erlaubt.		✗
3	6 Wochen vor und 8 Wochen nach der Entbindung wird Mutterschaftsgeld gezahlt.	✗	
4	Sonntagsarbeit ist auf freiwilliger Basis erlaubt und kann von der Schwangeren jederzeit widerrufen werden.	✗	
5	Mutterschaftsgeld bekommen nur Frauen, die ein geringes Gehalt (unter 1000 € monatlich) bekommen.		✗

AB 7 Arbeitsschutz und Schutzmaßnahmen

1. Warum ist die Einhaltung der Arbeitsschutzvorschriften wichtig?

Die Arbeitsschutzvorschriften sind wichtig, damit weniger Berufstätige Arbeits- oder Wegeunfälle erleiden und an einer Berufskrankheit erkranken.

2. Wer überwacht die Vorschriften des Arbeitsschutzes?

Die Vorschriften des Arbeitsschutzes werden von den Berufsgenossenschaften und den staatlichen Gewerbeaufsichtsämtern überwacht.

3. Vervollständigen Sie die Übersicht zum Arbeitsschutz, indem sie die Textkarten auf Seite 115 ausschneiden, richtig zuordnen und aufkleben.

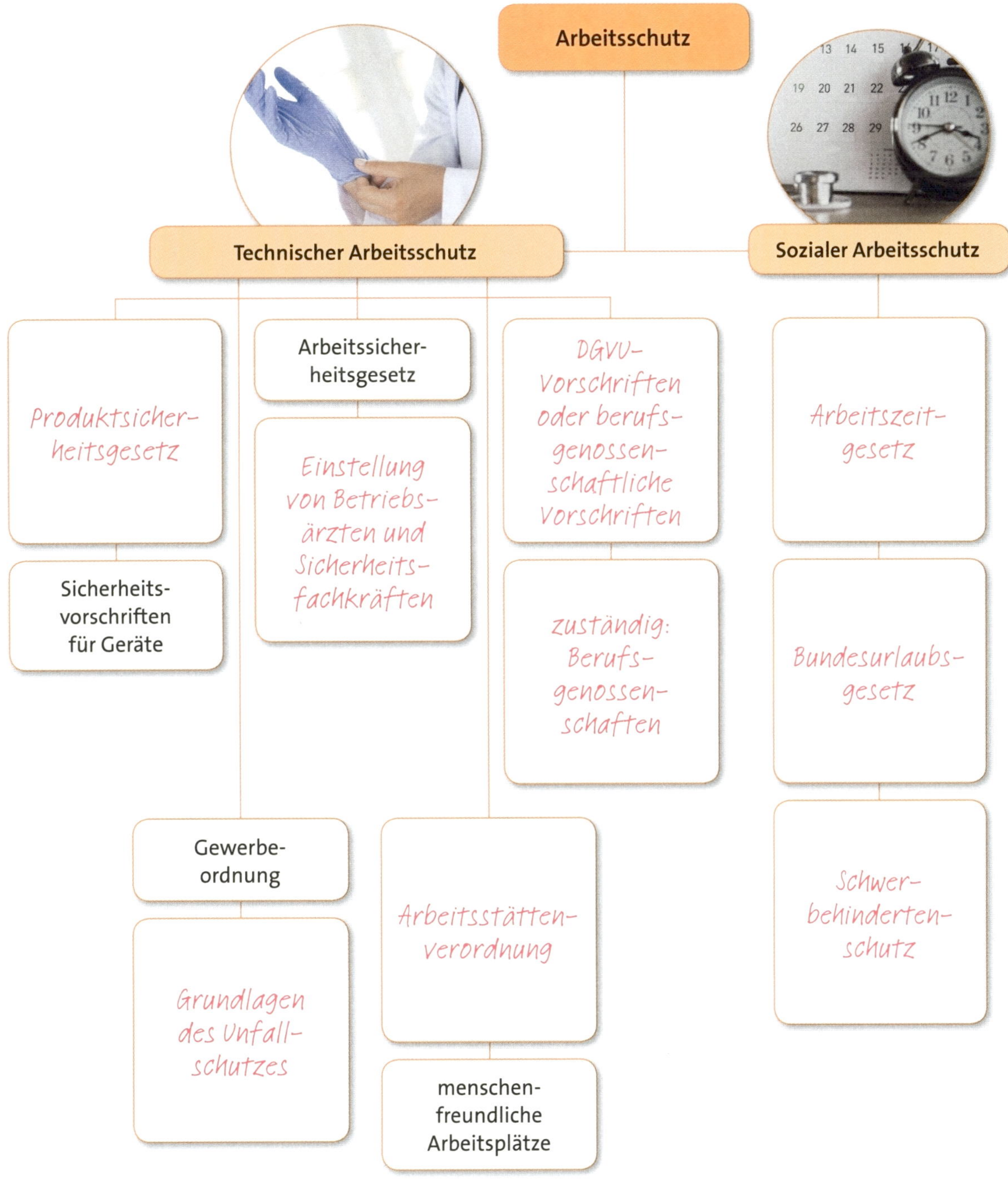

AB 8 Haftung

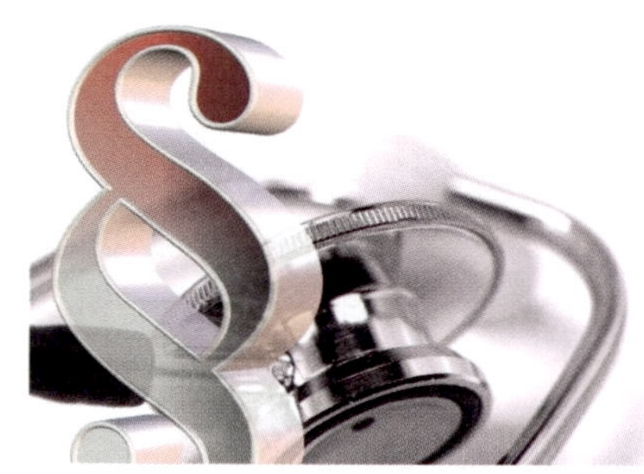

1. In welchem Gesetz wird die Haftung eines Arztes geregelt? Kreuzen Sie an:

- [ ] SGB
- [x] BGB
- [ ] StGB

2. Vervollständigen Sie die Tabelle, indem Sie die vorgegebenen Stichwörter korrekt zuordnen.

| Verletzung der Sorgfaltspflicht oder anderer Pflichten aus dem Behandlungsvertrag |
MFA haftet selbst	vorsätzliches Handeln	widerrechtliches Handeln der MFA
fahrlässiges Handeln der MFA	fahrlässiges Handeln des Arztes
Arzt haftet für das Verschulden seiner MFA	Arzt kann einen Entlastungsbeweis erbringen

Haftung aus dem Behandlungsvertrag	Haftung aus unerlaubter Handlung / Delikthaftung
• Verletzung der Sorgfaltspflicht oder anderer Pflichten aus dem Behandlungsvertrag • fahrlässiges Handeln des Arztes • vorsätzliches Handeln • Arzt haftet für das Verschulden seiner MFA	• widerrechtliches Handeln der MFA • fahrlässiges Handeln der MFA • MFA haftet selbst • Arzt kann einen Entlastungsbeweis erbringen

3. Nennen Sie zwei Beispiele, in denen eine MFA selbst haftet.

Mögliche Antworten:

- Sie führt eine unerlaubte Handlung durch, z. B. eine Blutentnahme ohne ärztliche Anordnung (Delikthaftung).
- Sie handelt fahrlässig, z. B. sie beachtet die üblichen Hygienevorschriften nicht.

4. Was ist im Zusammenhang mit der Haftung ein „Entlastungsbeweis"?

Kann ein Arzt nachweisen, dass er sich von der Qualifikation seiner MFA und ihrem sorgfältigen und zuverlässigen Handeln überzeugt hat, kann er sich selbst entlasten, also einen Entlastungsbeweis erbringen. In diesem Fall haftet nicht der Arzt, sondern die MFA.

AB 9 Interessensvertretungen und berufsständische Organisationen

1. Nennen Sie zwei Organisationen, die die Interessen von MFA z. B. bei Tarifverhandlungen vertreten. Geben Sie die Abkürzung und die vollständige Bezeichnung an.

VmF: Verband medizinischer Fachberufe e. V.

Ver.di: Vereinte Dienstleistungsgewerkschaft

2. Nennen Sie drei Aufgaben dieser Organisationen.

- Sie beraten die Mitglieder z. B. bei arbeitsrechtlichen Fragen.
- Sie bieten Fort- und Weiterbildungsmaßnahmen an.
- Sie vertreten die Interessen von MFA z. B. bei Tarifverhandlungen, um angemessene Vergütungen zu erreichen.

3. Entscheiden Sie, ob die folgenden Aufgaben von der Ärztekammer (ÄK) oder der Kassenärztlichen Vereinigung (KV) erfüllt werden.
Kreisen Sie die richtigen Buchstaben ein. Sie ergeben ein Lösungswort.

		ÄK	KV
1	Stellt die vertragsärztliche Versorgung sicher.	M	(T)
2	Erstellt eine Berufsordnung für Ärzte.	(E)	Ü
3	Nimmt die Interessen der Vertragsärzte gegenüber den Krankenkassen wahr.	K	(E)
4	Führt das Vertragsarztregister.	P	(R)
5	Hat Fürsorge- und Versorgungseinrichtungen für Ärzte.	(V)	S
6	Überwacht die Ausbildung zum/zur MFA.	(Ä)	F
7	Verteilt nach der Quartalsabrechnung die Honorarüberweisungen.	Ö	(G)
8	Schlichtet Streitigkeiten z. B. zwischen Ärzten und Patienten.	(R)	Z

Lösungswort:

5	2	4	1	8	6	7	3
V	E	R	T	R	Ä	G	E

4. Wofür stehen die Abkürzungen?

KBV: Kassenärztliche Bundesvereinigung

BÄK: Bundesärztekammer

AB 10 Fachworttrainer Gesundheitswesen

1. Im Anhang auf Seite 117 finden Sie Karten für dieses Wort-Domino. Schneiden Sie die einzelnen „Dominosteine“ aus und legen Sie jeweils die passende Ergänzung auf diese beiden Seiten. Ein Paar besteht immer aus einem Begriff und der passenden Begriffserklärung. Kleben Sie anschließend die Karten auf.

Beispiele sind die Schweigepflicht und die Pflicht, die Berufsschule zu besuchen. Diese Pflichten sind z. B. im Berufsausbildungsvertrag geregelt.	Pflichten der/des Auszubildenden
Der Arzt haftet z. B. bei Verletzung der Sorgfaltspflicht oder der Dokumentationspflicht.	Haftung aus dem Behandlungsvertrag
Die Abkürzung dafür lautet KV, sie ist die Interessensvertretung der Vertragsärzte.	Kassenärztliche Vereinigung
Die Abkürzung steht für Bürgerliches Gesetzbuch, dieses regelt z. B. die Arzthaftung.	BGB
Die Maßnahmen dazu werden von den Berufsgenossenschaften erlassen und von den staatlichen Gewerbeaufsichtsämtern überwacht.	DGVU-Vorschriften oder berufsgenossenschaftliche Vorschriften
Die MFA hat eine Injektion ohne Anweisung des Arztes ausgeführt und kann dafür haftbar gemacht werden.	unerlaubte Handlung/Delikthaftung
Dies ist eine Pflicht aus dem Behandlungsvertrag. Bei Haftungsfragen haftet der Arzt.	Sorgfaltspflicht
Diese gesetzliche Grundlage für die Berufsausbildung regelt z. B. die Inhalte eines Ausbildungsvertrages und die Möglichkeiten der Verkürzung einer Ausbildung. Die Abkürzung ist BBiG.	Berufsbildungsgesetz

Beschreibung	Begriff
Diese Maßnahmen dienen dem Schutz von Patientendaten, damit kein Unbefugter z. B. Diagnosen auf dem Monitor lesen kann.	*Datenschutz*
Diese Pflichten sind z. B. im Berufsausbildungsvertrag festgelegt. Dazu gehört u. a. die Pflicht, Mittel zur Ausbildung zur Verfügung zu stellen.	*Pflichten des Ausbilders/der Ausbilderin*
Diese Vorschriften werden von den Berufsgenossenschaften erlassen und dienen dem Arbeitsschutz.	*Arbeitsschutzvorschriften*
Es dient dem Schutz der Schwangeren und dem des ungeborenen Kindes.	*Mutterschutzgesetz*
Es gilt für 15- bis 18-Jährige und regelt z. B. die Länge der täglichen Arbeitszeit.	*Jugendarbeitsschutzgesetz*
Es regelt u. a. die Höhe des Elterngeldes und den Zeitraum, in dem man dies bekommen kann.	*Bundeselterngeldgesetz*
Er muss vom Ausbilder/von der Ausbilderin und dem/der Auszubildenden (bei Minderjährigen auch von dem gesetzlicher Vertreter) unterschrieben werden.	*Ausbildungsvertrag*
Es regelt die Möglichkeiten und Maßnahmen zur Inanspruchnahme von Elternzeit.	*Elternzeitgesetz*
Sie ist die zuständige Stelle für die Ausbildung zur MFA und führt z. B. die Zwischen- und Abschlussprüfung durch.	*Ärztekammer*
Sie ist erforderlich, damit sich zwischen Arzt und Patient ein Vertrauensverhältnis bildet und umfasst alle persönlichen und medizinischen Daten des Patienten.	*Schweigepflicht*
Sie regelt eine einheitliche Berufsausbildung, indem sie z. B. den Ausbildungsrahmenplan eines Ausbildungsberufes festlegt.	*Ausbildungsordnung*
Die Abkürzung steht für „Verband medizinischer Fachberufe“. Dieser ist Tarifpartner bei den Tarifverhandlungen für die MFA.	*VmF*

AB 1 Grundlagen der medizinischen Fachsprache I

1. Finden Sie in dem Buchstabensalat waagerecht und senkrecht 10 wichtige Grundbegriffe der medizinischen Fachsprache und kreisen Sie diese ein.

In der Tabelle finden Sie die Erklärungen zu den Begriffen.
Tragen Sie die gefundenen Begriffe passend zu den Erklärungen in die Tabelle ein.

K	O	N	T	R	A	I	N	D	I	K	A	T	I	O	N	M	A
C	D	F	H	W	Ü	K	P	R	O	P	H	Y	L	A	X	E	K
H	W	K	E	F	U	Ä	D	K	G	M	Z	Y	V	U	I	A	A
S	Q	D	R	F	E	R	T	I	N	D	I	K	A	T	I	O	N
Y	E	T	A	T	A	P	P	L	I	K	A	T	I	O	N	Z	A
M	D	I	P	M	U	L	S	P	X	A	Z	T	L	P	Q	H	M
P	E	D	I	A	G	N	O	S	E	Q	A	W	Z	L	S	D	N
T	U	Q	E	Q	M	G	A	Ä	K	R	Y	E	K	Y	V	E	E
O	M	F	G	U	P	R	Ä	V	E	N	T	I	O	N	O	R	S
M	O	G	K	I	Z	L	O	N	S	P	R	O	G	N	O	S	E

1	Anamnese	(Krankheits)Vorgeschichte
2	Applikation	Darreichung/Verabreichung
3	Diagnose	Krankheitsname/Benennung einer Krankheit
4	Indikation	Anzeige/Grund, z. B. ein Medikament zu verabreichen
5	Kontraindikation	Gegenanzeige/Grund, z. B. ein Medikament nicht zu verabreichen
6	Prävention	Vorsorge, Früherkennung
7	Prognose	Vorhersage
8	Prophylaxe	Vorsorge, Früherkennung
9	Symptom	Krankheitszeichen
10	Therapie	Behandlung

2. Ordnen Sie den Aussagen den richtigen medizinischen Begriff zu.

| Anamnese | Befund | chronisch | Diagnose | Therapie | Prognose |

	Aussage	Terminus
1	Nehmen Sie diese Tablette morgens und abends mit einem Getränk ein.	Therapie
2	Der Blutzucker liegt bei 112 mg/dl.	Befund
3	Die Fraktur wird in 4 Wochen geheilt sein.	Prognose
4	Diese Form der Hepatitis kann nicht geheilt werden, sie wird nicht ausheilen.	chronisch
5	Sie leiden an einem primären Hypertonus.	Diagnose
6	In meiner Familie tritt diese Erkrankung häufig auf.	Anamnese

AB 2 Grundlagen der medizinischen Fachsprache II

1. In der medizinischen Fachsprache werden verschiedene Vor- und Nachsilben benutzt. Schneiden sie auf Seite 119 die einzelnen „Dominokarten“ aus. Bilden Sie passende Paare aus der Bedeutung und der Vorsilbe oder Nachsilbe. Kleben Sie die richtigen Paare auf.

Entzündung	-itis
Lehre von ...	-logie
Erkrankung	-pathie
vor	prä-
über, hoch	hyper-
in, innerhalb	endo-
abtötend, vernichtend	-zid
innen, hinein	intra-

degenerative Erkrankung	-ose
Betrachtung	-skopie
Schmerz	-algie
unter, unterhalb	hypo-
herausschneiden	-ektomie
verursachend, auslösend	-gen
zurück, wiederkehrend	re-

2. Ordnen Sie die Untersuchungsverfahren zu, indem Sie die zusammengehörigen Aussagen mit einer Linie verbinden.

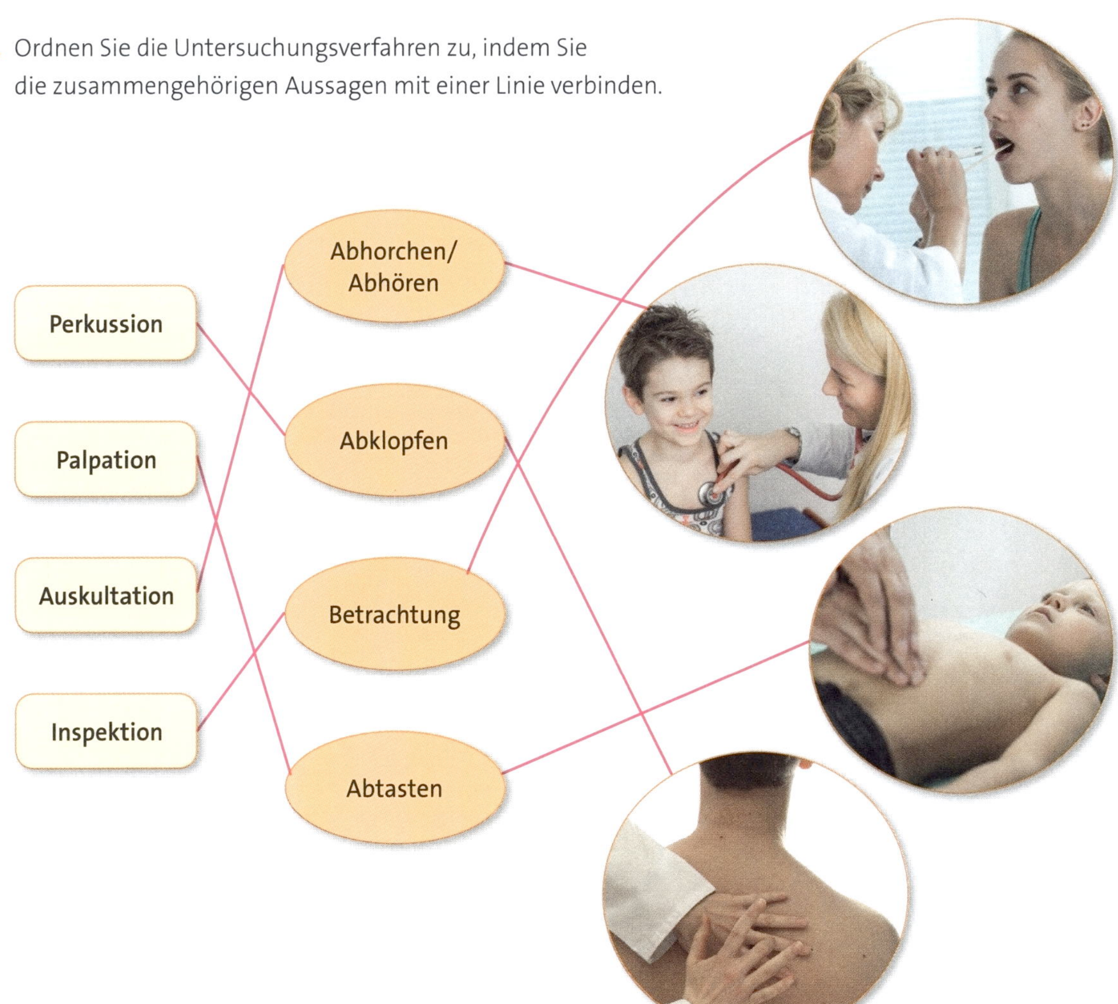

AB 3 Ebenen des menschlichen Körpers, Lage- und Richtungsbezeichnungen, Lage der Organe

1. Beschriften Sie die Abbildungen, indem Sie die folgenden Termini einsetzen:

| anterior | dexter | dorsal | kaudal | kranial | lateral | lateral | medial | | posterior | sinister | ventral |

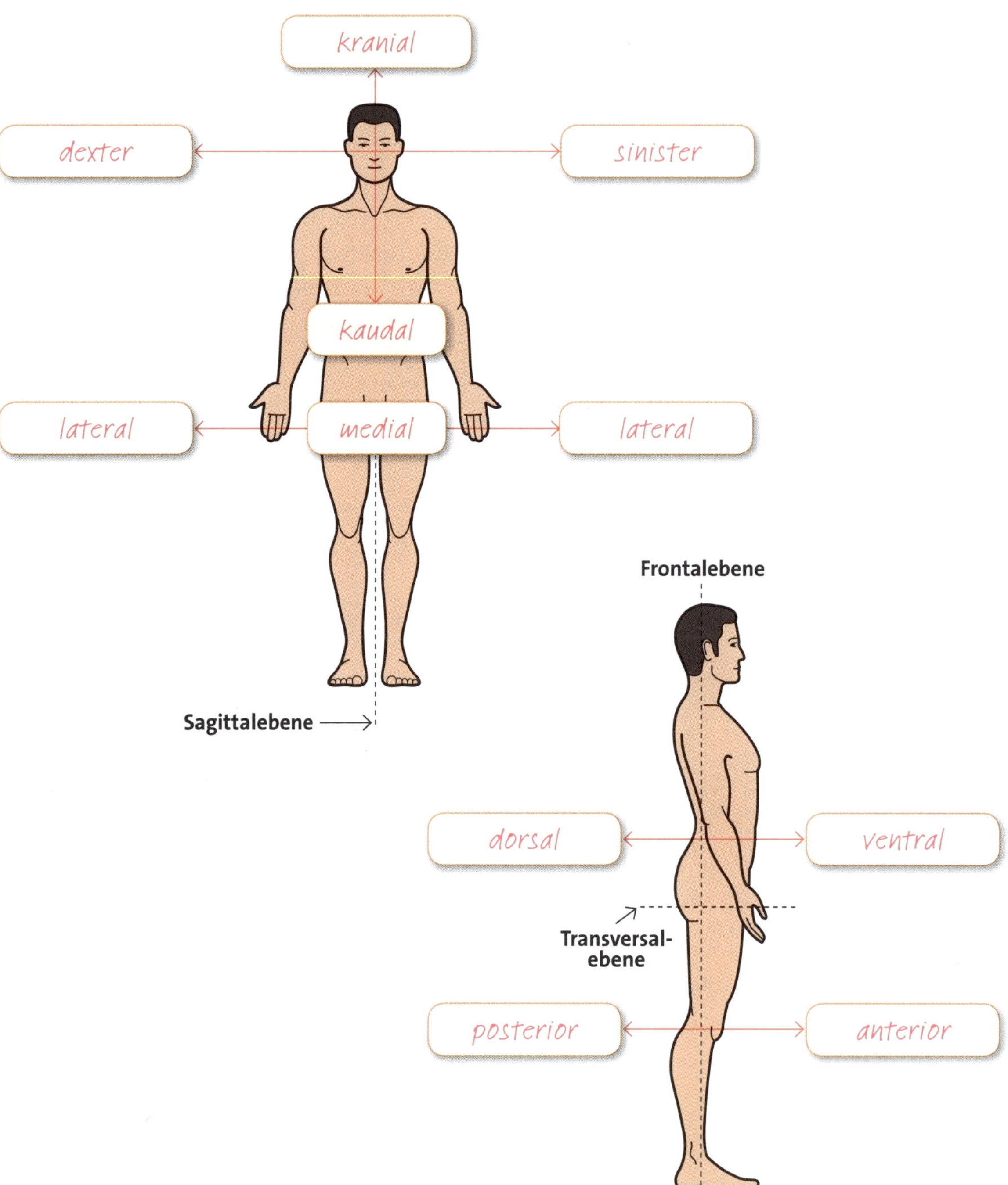

2. In welchem Körperbereich liegen die genannten Organe?
Ordnen Sie die Organe den Körperbereichen zu.

		Brustbereich	Oberbauch	Unterbauch
1	Herz und Lunge	x		
2	Gebärmutter und Eierstöcke			x
3	Magen und Leber		x	

AB 4 Ärztliche Fachrichtungen

1. Tragen Sie in das Rätsel die korrekten ärztlichen Fachgebiete ein.
Bei richtiger Lösung ergibt sich eine weitere Fachrichtung.

Das Fachgebiet befasst sich mit

1 … den Erkrankungen des Herz-Kreislauf-Systems
2 … den Erkrankungen des Blutes und der blutbildenden Organe (z. B. Knochenmark)
3 … den Tumor-Erkrankungen, überwiegend bösartig
4 … der operativen Behandlung von Krankheiten
5 … den Erkrankungen der Haut
6 … den Erkrankungen des Verdauungssystems
7 … der Entwicklung des Kindes und Jugendlichen und seinen Erkrankungen
8 … den Erkrankungen der Hormondrüsen
9 … den weiblichen Geschlechtsorganen und mit der Betreuung bei Schwangerschaft und Geburt
10 … den Erkrankungen des Bewegungssystems
11 … den Erkrankungen des Nervensystems
12 … den Erkrankungen der Seele (Psyche)
13 … den Erkrankungen der Harnorgane und der männlichen Geschlechtsorgane

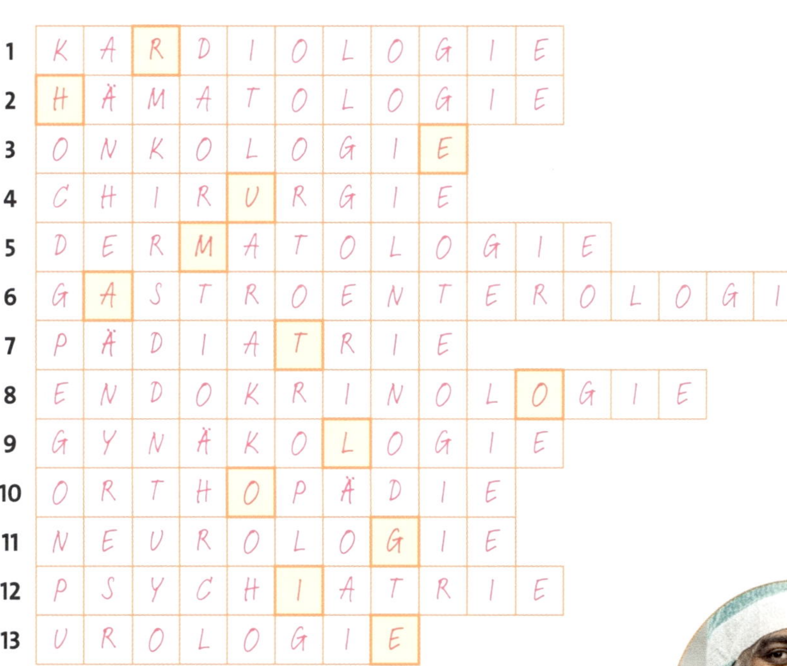

Lösungswort:

BEHANDLUNGSASSISTENZ
Lernfeld 2

AB 5 Organe, Aufgaben der Organe, ärztliche Fachrichtungen

1. Schreiben Sie unter die Abbildungen auf dieser und der nächsten Seite die Bezeichnungen der Organsysteme. Nennen Sie in der mittleren Spalte die Aufgaben der Organsysteme und die beteiligten Organe. Ordnen Sie in der rechten Spalte diese ärztlichen Fachrichtungen den Organsystemen zu:

Andrologie	Augenheilkunde	Dermatologie	Endokrinologie	Gynäkologie
Hals-Hasen-Ohren-Heilkunde	Innere Medizin	Kardiologie	Lymphologie	Pneumologie
Pulmologie	Nephrologie	Neurologie	Orthopädie	Urologie	Urologie

Abbildung und Name des Organsystems	Aufgabe und beteiligte Organe	Ärztliche Fachrichtung
1 Bewegungssystem	Aufgabe: Bewegung und Aufrechthaltung des Körpers Organe: Knochen, Sehnen, Bänder, Muskulatur	Orthopädie
2 Herz-Kreislauf-System	Aufgabe: Versorgung der Körperzellen Organe: Herz, Venen, Arterien	Kardiologie
3 Atmungssystem	Aufgabe: Aufnahme von Sauerstoff Organe: Nase, Luftröhre, Kehlkopf, Bronchien, Lunge	Pulmologie, Pneumologie
4 männliche Geschlechtsorgane weibliche Geschlechtsorgane	Aufgabe: Fortpflanzung Organe Mann: Penis, Hoden, Samenleiter Organe Frau: Scheide, Gebärmutter, Eileiter, Eierstöcke	Gynäkologie, Urologie, Andrologie

Abbildung und Name des Organsystems	Aufgabe und beteiligte Organe	Ärztliche Fachrichtung
5 Harnsystem	Aufgabe: Bildung und Ausscheidung von Harn Organe: Nieren, Harnleiter, Harnblase, Harnröhre	Urologie, Nephrologie
6 Verdauungssystem	Aufgabe: Aufnahme und Verarbeitung von Nährstoffen, Ausscheidung unverdaulicher Nahrungsreste Organe: Mund, Speiseröhre, Magen, Dünndarm, Dickdarm, Mastdarm, Enddarm, Leber, Gallenblase, Bauchspeicheldrüse	Innere Medizin
7 Hormonsystem	Aufgabe: Regelung von Körpervorgängen Organe: Hypophyse, Schilddrüse, Bauchspeicheldrüse, Nebennieren Frau: Eierstöcke Mann: Hoden	Endokrinologie
8 Nervensystem	Aufgabe: Aufnahme und Verarbeitung von Reizen Organe: Rückenmark, Nerven	Neurologie
9 Lymphsystem/lymphatisches System	Aufgabe: Abwehrsystem und Flüssigkeitstransport Organe: Lymphknoten, Lymphbahnen	Lymphologie
10 Sinnessystem	Aufgabe: Aufnahme von Außenreizen Organe: Auge, Ohren, Nase, Zunge, Haut	Hals-Nasen-Ohren-Heilkunde, Augenheilkunde, Dermatologie

BEHANDLUNGSASSISTENZ

Lernfeld 2

AB 6 Gesundheitswesen

1. Vervollständigen Sie die Tabelle zum Gesundheitswesen mithilfe der vorgegebenen Textbausteine.

Arztpraxen	Bundesministerium für Gesundheit	Hygieneaufsicht in Arztpraxen
Öffentlicher Gesundheitsdienst	Pflegeheime	Physiotherapeutische Praxen
Stationäre Versorgung	Zahnarztpraxen	Zentral- und Sonderkrankenhäuser

2. Ordnen Sie den Aufgaben des Gesundheitswesens folgende drei Bereiche zu:
- ambulante Versorgung
- stationäre Versorgung
- öffentlicher Gesundheitsdienst

(Mehrfachnennungen sind möglich.)

	Aufgaben	Bereiche des Gesundheitswesens
1	Hygieneaufsicht in (Zahn)Arztpraxen	öffentlicher Gesundheitsdienst
2	(zahn)ärztliche Behandlung	ambulante Versorgung
3	Betreuung und Pflege von Patienten über mehrere Tage	stationäre Versorgung
4	Ausstellung von amtsärztlichen Zeugnissen	öffentlicher Gesundheitsdienst
5	Prävention, z. B. reisemedizinische Beratung und Durchführung von Impfungen	öffentlicher Gesundheitsdienst, ambulante Versorgung
6	Behandlung von Patienten auch bei Hausbesuchen	ambulante Versorgung
7	Durchführung von großen Operationen (z. B. Organtransplantationen)	stationäre Versorgung

AB 7 Gesundheitsinstitute, Praxisformen

1. Dem Bundesministerium für Gesundheit unterstehen fünf Institute. Ordnen Sie den Abkürzungen die Namen und die Aufgabenbereiche zu, indem Sie die zusammengehörigen Inhalte farbig markieren.

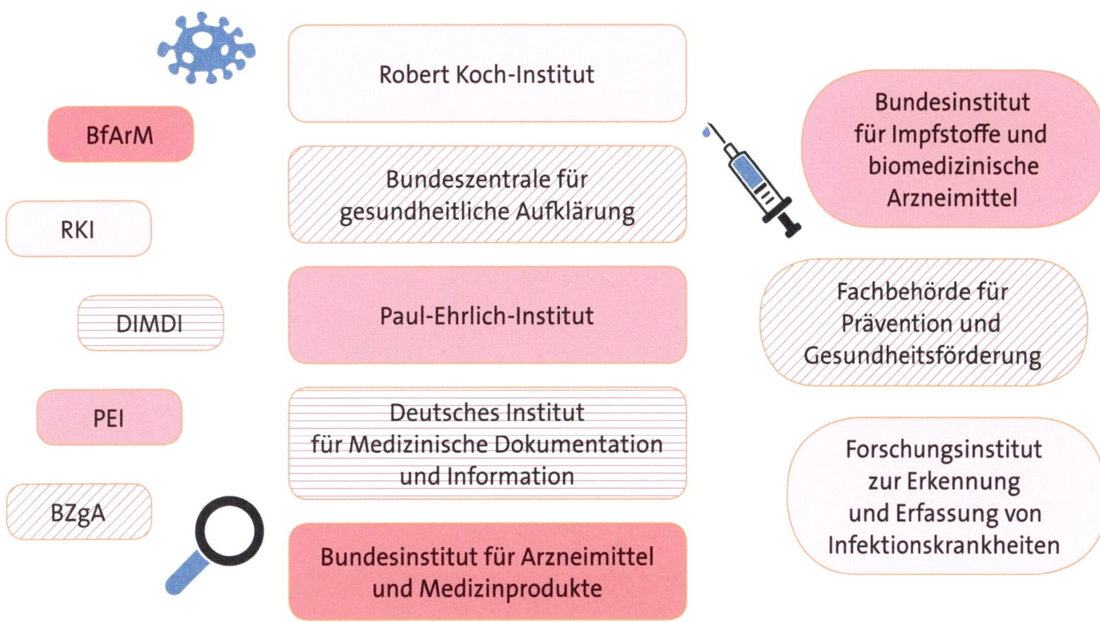

2. Der niedergelassene Arzt kann in verschiedenen Praxisformen tätig sein. Entscheiden Sie, ob die folgenden Aussagen zu den unterschiedlichen Praxisformen richtig oder falsch sind. Korrigieren Sie die falschen Aussagen.

	Aussage	richtig	falsch	Korrektur der falschen Aussagen
1	In einer Berufsausübungsgemeinschaft (BAG) arbeiten alle beteiligten Ärzte selbstständig. Jeder Arzt hat eine eigene KV-Nummer.		x	In einer Berufsausübungsgemeinschaft (BAG) arbeiten die beteiligten Ärzte gemeinschaftlich. Es gibt nur eine KV-Nummer für alle beteiligten Ärzte.
2	In einer Praxisgemeinschaft arbeiten die beteiligten Ärzte gemeinschaftlich. Es gibt nur eine KV-Nummer für alle beteiligten Ärzte.		x	In einer Praxisgemeinschaft arbeiten alle beteiligten Ärzte selbstständig. Jeder Arzt hat eine eigene KV-Nummer.
3	In einem Medizinischen Versorgungszentrum (MVZ) arbeiten Ärzte fachübergreifend als Angestellte oder Vertragsärzte.	x		
4	In einer Apparategemeinschaft nutzen Ärzte gemeinsam technische Geräte. Alle Ärzte haben die gleiche KV-Nummer.		x	In einer Apparategemeinschaft nutzen Ärzte gemeinsam technische Geräte. Alle Ärzte haben ihre eigene KV-Nummer.

AB 8 Botschaften in der Kommunikation

1. In der Kommunikation spricht man von den vier Seiten einer Botschaft bzw. dem Vier-Ohren-Modell. Ordnen Sie bei der Aussage eines Patienten „Ich habe Schmerzen!" die vier Seiten dieser Botschaft zu.

| Appell | Beziehung | Sachinhalt | Selbstoffenbarung |

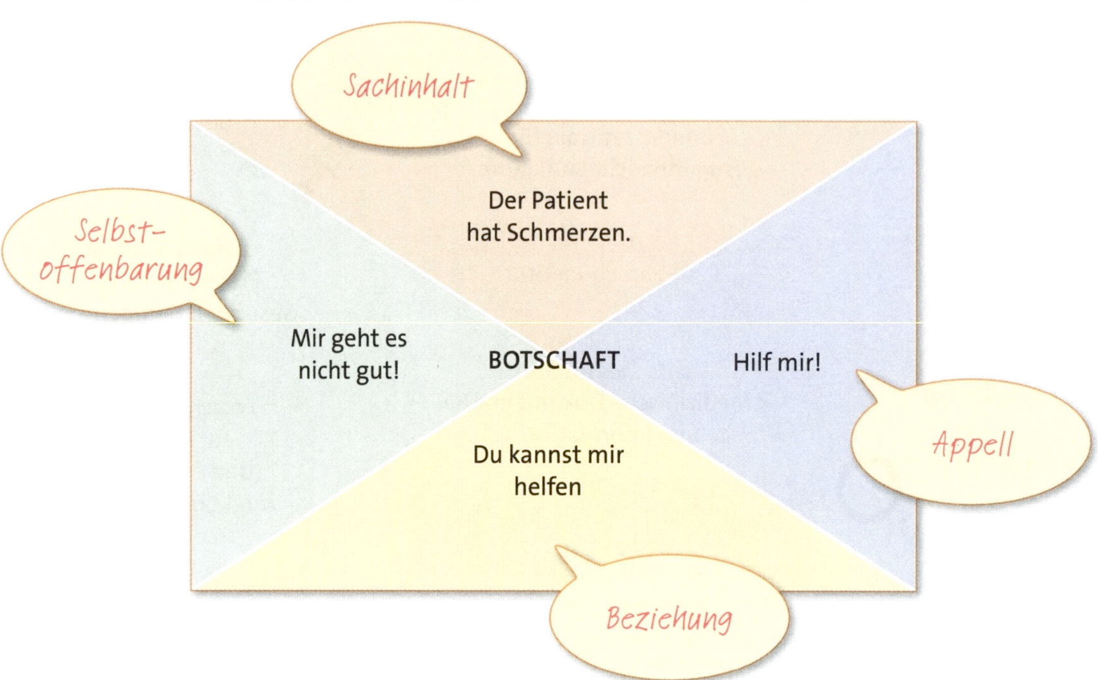

2. Welche Botschaften könnte die MFA in der Praxis **hören**, wenn der Patient sagt: „Ich habe Schmerzen!"? Formulieren Sie mögliche Botschaften auf den vier Ebenen.

AB 9 Kommunikation bei Telefongesprächen

1. Die neue Kollegin Maria spricht Sie an, da sie gerade ein sehr unerfreuliches Telefonat mit einem Patienten hatte. Sie ist sehr ungehalten und beschwert sich über den „unmöglichen Patienten". Ihre Kollegin Maria schildert Ihnen, wie das Telefonat abgelaufen ist. Was raten Sie ihr?

	Aussage ihrer Kollegin	Ihr Ratschlag
1	Ich habe zweimal nach dem Namen gefragt und gesagt, dass ich mir so einen komplizierten Namen nicht merken kann.	Lass dir den Namen buchstabieren und notiere ihn auf einem Notizzettel.
2	Ich habe gesagt, dass wir diese Woche keinen Termin frei haben. Er soll nächste Woche nochmal anrufen.	Schlag den nächstmöglichen Termin vor oder biete einen Rückruf an, nachdem du mit dem Arzt gesprochen hast.
3	Ich habe ihm gesagt, dass wir das so nicht machen können.	Verwende keine Killerphrasen, sondern mache lieber einen Kompromissvorschlag.
4	Und dann hat er sich beschwert, dass er am Telefon so lange warten musste, weil ich zwischendurch mit einer Patientin an der Anmeldung gesprochen habe.	Notiere dir lieber die Telefonnummer und sage, dass du zurückrufst, wenn es etwas ruhiger ist, am besten mit einer Zeitvorgabe, z. B. in ca. 20 Minuten.
5	Ich habe ihm gesagt, dass ich nicht weiß, wann sein Rezept fertig ist.	Gib eine verlässliche Uhrzeit vor und sage dem Patienten, wann er sein Rezept frühestens abholen kann.
6	Ich habe dann einfach aufgelegt.	Verabschiede dich immer freundlich vom Patienten und warte seine Abschiedsworte ab.

AB 10 Kommunikationsfehler

1. In der Praxis haben ihre beiden Kolleginnen Theresa und Nele einen Streit. Eine weitere Kollegin versucht zu vermitteln, da sie beide gut leiden kann.
Welche Ratschläge sind richtig, welche falsch?
Korrigieren Sie die falschen Ratschläge.

	Ratschlag	richtig	falsch	Korrektur
1	Höre aktiv zu, zeige dies durch deine Körperhaltung.	x		
2	Gebe keinen Fehler oder Schwäche zu!		x	Gib einen Fehler zu.
3	Sage direkt, was der andere oder die andere falsch gemacht hat.		x	Sende Ich-Botschaften. Mache keine Vorwürfe.
4	Respektiere die Gefühle des anderen und lass ihn „sein Gesicht wahren".	x		
5	Zeige Bereitschaft, die Interessen der anderen zu berücksichtigen.	x		

2. Nennen Sie mindestens 3 Merkmale, die zur nonverbalen Kommunikation gehören.

Stimmlage

äußere Erscheinung

Körperhaltung

Gestik

Mimik

3. Bei der Gesprächsführung kann man Fehler machen. Ordnen Sie die Begriffe den Erklärungen zu, indem Sie die Begriffe und Kästchen mit einer Linie verbinden.

Bagatellisieren

Monologisieren

Moralisieren

Man lässt den Patienten nicht aussprechen, sondern spricht selbst immer weiter und hört dem Patienten nicht zu.

Man macht dem Patienten Vorwürfe oder drängt ihm das eigene Wertesystem auf.

Man nimmt den Patienten nicht ernst, verharmlost seine Beschwerden oder gibt besserwisserische Antworten.

AB 11 Sozialversicherungen

1. Nennen Sie die fünf Sozialversicherungen/Pflichtversicherungen. Tragen Sie diese in die linke Spalte der Tabelle ein. Ergänzen Sie die anderen Lücken mithilfe der unten stehenden Textfelder.

Sozialversicherung	Kostenträger (Beispiele)	Leistungen (Beispiele)
Das System der sozialen Sicherung in Deutschland: Krankenversicherung 1883, Rentenversicherung 1889, Unfallversicherung 1884, Arbeitslosenversicherung 1927, Pflegeversicherung 1995		
1 Krankenversicherung	Krankenkassen, z. B. AOK, BKK, IKK, Ersatzkassen, Knappschaft	ärztliche/zahnärztliche Behandlung, Vorsorge- und Früherkennungsmaßnahmen, Mutterschaftshilfe
2 Pflegeversicherung	Pflegekassen sind den Krankenkassen zugeordnet	häusliche Pflege, stationäre Pflege, Pflegegeld
3 Arbeitslosenversicherung	Bundesagentur für Arbeit, Agenturen für Arbeit (früher Arbeitsämter)	Arbeitsförderung, Arbeitsvermittlung, Berufsberatung, Arbeitslosengeld, berufliche Rehabilitation
4 Rentenversicherung	Deutsche Rentenversicherung (Deutsche Rentenversicherung Bund, Deutsche Rentenversicherung Regional, Deutsche Rentenversicherung Knappschaft, Bahn, See)	Altersrente, Erwerbsminderungsrente, Witwenrente, Waisenrente
5 Unfallversicherung	Berufsgenossenschaften (für MFA: Berufsgenossenschaft für Gesundheitsdienst und Wohlfahrtspflege-BGW), Unfallkassen	Unfallverhütung, Verletztengeld, Verletztenrente, Heilbehandlung (ärztliche/zahnärztliche Behandlung), Hinterbliebenenrente, Sterbegeld

Bundesagentur für Arbeit, Agenturen für Arbeit (früher Arbeitsämter)

Altersrente, Erwerbsminderungsrente, Witwenrente, Waisenrente

häusliche Pflege, stationäre Pflege, Pflegegeld

Berufsgenossenschaften (für MFA: Berufsgenossenschaft für Gesundheitsdienst und Wohlfahrtspflege – BGW), Unfallkassen

ärztliche/zahnärztliche Behandlung, Vorsorge- und Früherkennungsmaßnahmen, Mutterschaftshilfe

AB 12 Unfallversicherung, gesetzliche und private Krankenversicherung

1. Die Beitragszahlung der Unfallversicherung unterscheidet sich grundsätzlich von der Beitragszahlung für die anderen Sozialversicherungen. Worin besteht der Unterschied?

Der Beitrag zur Unfallversicherung wird nicht nach dem Gehalt des Arbeitsnehmers/ Pflichtversicherten berechnet, sondern nach der Größe (Anzahl der zu versichernden Personen) und nach der Gefahrenklasse des zu versichernden Betriebes.
Das Risiko in einem Handwerksbetrieb ist höher als z. B. im Verwaltungsbereich.

2. Kreuzen Sie an, welche Aussagen auf die gesetzliche Krankenversicherung und welche auf die private Krankenversicherung zutreffen.

		gesetzliche Krankenversicherung	private Krankenversicherung
1	Diese Versicherung gehört zu den Pflichtversicherungen für fast alle Arbeitnehmer.	X	
2	Die Beitragshöhe für diese Versicherung richtet sich nach dem abgeschlossenen Vertrag (z. B. nach dem gewünschten Versicherungsumfang).		X
3	Der Versicherte muss die Versicherungsbeiträge allein zahlen. Der Arbeitgeber zahlt ggf. einen Zuschuss.		X
4	Diese Versicherung arbeitet nach dem Solidaritätsprinzip.	X	
5	Der Beitragssatz für diese Versicherung wird ca. zur Hälfte von den Arbeitnehmern und ca. zur Hälfte von den Arbeitgebern bezahlt.	X	
6	Diese Versicherung gehört zu den Individualversicherungen.		X
7	Bei dieser Versicherung sind Familienangehörige (z. B. schulpflichtige Kinder) beitragsfrei mitversichert.	X	

3. Welche Aufgabe hat die gesetzliche Krankenversicherung?

Die gesetzliche Krankenversicherung soll den Versicherten und seine Familie im Krankheitsfall schützen.
Sie tritt dann ein, wenn die Gesundheit erhalten, wiederhergestellt oder Krankheiten gelindert werden sollen.

AB 13 Gesetzliche Krankenversicherung

1. Handelt es sich um eine gesetzliche Krankenkasse? Entscheiden Sie. Die richtigen Buchstaben ergeben das Lösungswort.

		Ja	Nein
1	HEK	(S)	E
2	AOK Rheinland/Hamburg	(A)	L
3	Signal Iduna	R	(B)
4	BKK 24	(K)	P
5	Debeka	Z	(R)
6	Barmer Ersatzkasse	(I)	T
7	Hanse Merkur	W	(M)
8	DAK Gesundheit	(C)	N

Lösungswort:

3	6	1	7	2	5	8	4
B	I	S	M	A	R	C	K

2. Welche Bedeutung hat diese Person (Lösungswort von Aufgabe 1) für die Sozialversicherung?

Der Reichskanzler Otto von Bismarck (1815–1898) gilt als der Begründer der gesetzlichen Sozialversicherung in Deutschland.

3. Ordnen Sie die Leistungen der gesetzlichen Krankenversicherung den Überschriften zu.

		Früherkennung	Krankenhilfe	Mutterschaftshilfe
1	Mutterschaftsgeld			X
2	Krebsfrüherkennungsuntersuchungen	X		
3	Krankengeld		X	
4	Ärztliche Behandlung während der Schwangerschaft			X
5	Verordnung von Arzneimitteln		X	
6	Stationäre Behandlung im Krankenhaus		X	
7	Gesundheitsuntersuchungen für Kinder (U-Untersuchungen) und Jugendliche (J-Untersuchungen)	X		
8	Impfungen (nach den Empfehlungen der STIKO)	X		

4. Welche der oben genannten Leistungen sind grundsätzlich präventive Leistungen und welche Geldleisungen?

Präventive Leistungen: *Nr. 2, Nr. 7, Nr. 8* Geldleistungen: *Nr. 1, Nr. 3*

AB 14 Elektronische Gesundheitskarte

1. Schreiben Sie die Bedeutung der Abkürzung eGK auf.

Die Abkürzung steht für elektronische Gesundheitskarte.

2. Welche Aufgaben/Funktionen hat die elektronische Gesundheitskarte.
Nennen Sie drei Aufgaben/Funktionen der elektronischen Gesundheitskarte.

- Der Versicherte beweist damit seine Zugehörigkeit zu einer bestimmten Krankenkasse (Ausweisfunktion).
- Die eGK enthält die wichtigsten Personalien des Versicherten (aufgedruckt und im Chip). Sie dient damit dem erleichterten Aufnehmen der Patientendaten in die ärztliche Datei und dem Ausdrucken von vertragsärztlichen Formularen (Datenübertragungsfunktion).
- Die Rückseite ist die europäische Krankenversichertenkarte.

3. Beschriften Sie die Abbildung der elektronischen Gesundheitskarte.

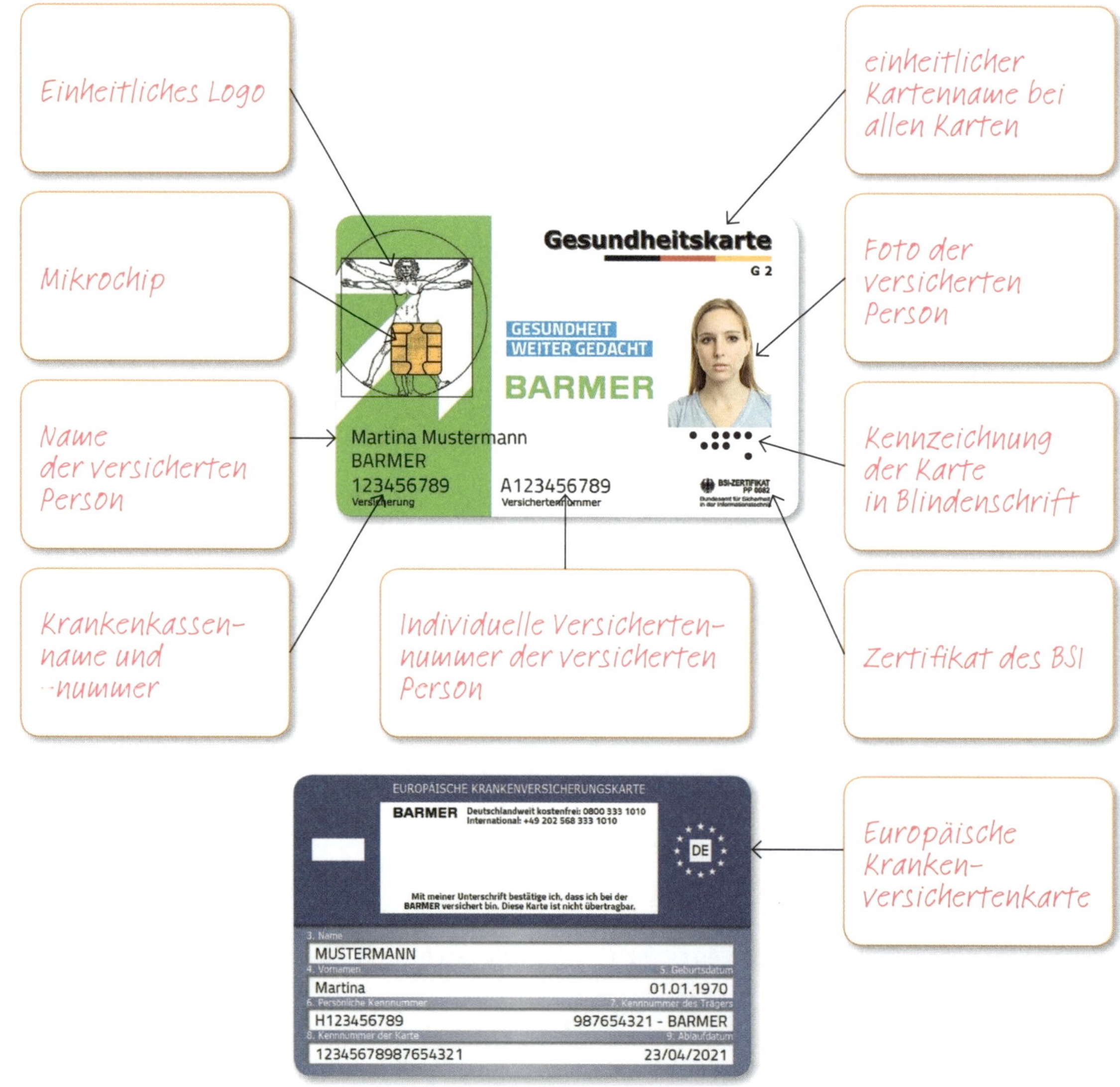

AB 15 Grundlagen der ärztlichen Abrechnung

1. Was heißen die folgenden Abkürzungen?

EBM: *Einheitlicher Bewertungsmaßstab*

GOÄ: *Gebührenordnung für Ärzte*

2. Welche Aussagen treffen auf den EBM und welche auf die GOÄ zu? Entscheiden Sie. Die richtigen Buchstaben ergeben das Lösungswort.

		EBM	GOÄ
1	Nach dieser Gebührenordnung werden die Leistungen für Kassenpatienten abgerechnet.	(R)	K
2	Diese Gebührenordnung gilt für die Abrechnung ärztlicher Leistungen bei Privatpatienten.	P	(A)
3	Die Euro-Beträge für die Gebührennummern legt das Bundesministerium für Gesundheit (BMG) fest.	H	(N)
4	Diese Gebührenordnung unterscheidet bei der Abrechnung zwischen Hausärzten und Fachärzten.	(T)	B
5	Die Abrechnungsnummern sind fünfstellig, z. B. 02300.	(K)	O
6	In dieser Gebührenordnung werden hauptsächlich Einzelleistungen abgerechnet.	W	(S)
7	Die Abrechnungsnummern dieser Gebührenordnung heißen Gebührenordnungspositionen.	(Z)	R
8	Der Arzt rechnet die erbrachten Leistungen am Quartalsende mit der Kassenärztlichen Vereinigung (KV) ab.	(E)	M
9	Der Arzt kann jederzeit seine Privatliquidation an den Patienten schicken.	N	(A)
10	Diese Gebührenordnung enthält viele Pauschalen.	(S)	G

Lösungswort:

5	2	10	6	8	3	9	1	7	4
K	*A*	*S*	*S*	*E*	*N*	*A*	*R*	*Z*	*T*

3. Vervollständigen Sie die Abbildung, indem Sie die richtigen Nummern vor den Textfeldern eintragen.

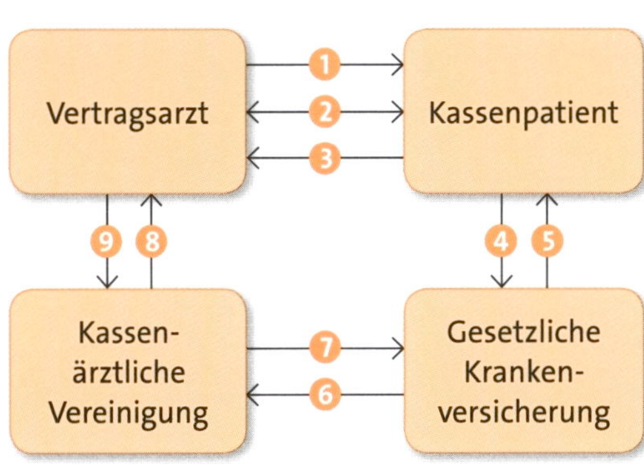

- *3* Legt Versichertenkarte vor
- *7* Legt Gesamtabrechnung vor
- *1* Führt Behandlung durch
- *4* Zahlt Beiträge
- *6* Zahlt Gesamtvergütung
- *8* Zahlt Vergütung
- *9* Legt Quartalsabrechnung vor
- *5* Gewährt Behandlungsanspruch
- *2* Behandlungsvertrag

AB 16 Behandlungsvertrag

1. Kreuzen Sie die Aussagen an, in denen ein Behandlungsvertrag zustande kommt.

1	Der Arzt sagt telefonisch einen Hausbesuch zu.	x
2	Der Arzt trifft einen Patienten beim Einkaufen.	
3	Der Patient übergibt der MFA seine Gesundheitskarte.	x
4	Der Patient vereinbart einen Termin an der Anmeldung.	

2. Warum ist der Behandlungsvertrag zwischen Arzt und Patient ein Dienstvertrag und kein Werkvertrag?

Es gibt bei der ärztlichen Behandlung keine Erfolgsgarantie, d. h., der Arzt kann z. B. nicht garantieren, dass der Patient wieder vollständig gesund wird. Auch wenn der Patient nicht wieder gesund wird, hat der Arzt einen Anspruch auf Vergütung.

3. Ergänzen Sie die Lücken im Text mit den folgenden Wörtern.

Behandlungspflicht	Behandlungsvertrag	Dienstvertrag	Erfolgsgarantie
Geschäftsführung ohne Auftrag	mutmaßlichen Willen	Notfällen
schlüssiges Handeln	Willenserklärung

Der Behandlungsvertrag zwischen Arzt und Patient ist ein Dienstvertrag. Er wird durch schlüssiges Handeln des Patienten/des Arztes abgeschlossen. Kann ein Patient keine rechtswirksame Willenserklärung abgeben, z. B. weil er bewusstlos ist, dann erfolgt die erforderliche Behandlung als Geschäftsführung ohne Auftrag. Der Arzt kann dann vom mutmaßlichen Willen des Patienten behandelt zu werden, ausgehen. Bei einem Dienstvertrag, also auch bei einem Behandlungsvertrag, gibt es keine Erfolgsgarantie. Der Arzt kann entscheiden, ob er einen Behandlungsvertrag eingeht. Es besteht keine Behandlungspflicht. Dies gilt jedoch nicht bei Notfällen.

4. Nennen Sie die sechs wichtigsten Pflichten eines Arztes.

D a t e n s c h u t z

S c h w e i g e pflicht

A u f k l ä r u n g s pflicht

D o k u m e n t a t i o n s pflicht

A u f b e w a h r u n g s pflicht

M e l d e pflicht

AB 17 Aufklärungspflicht

1. Bei der Aufklärung eines Patienten, z. B. vor einer Operation, müssen bestimmte Regeln eingehalten werden. Welche Fehler werden hier beschrieben? Schreiben Sie die richtige Regel auf.

1	Der Arzt klärt den Patienten über die Diagnose auf.	Es muss auch über die Befunde gesprochen werden.
2	Der Arzt spricht über den Umfang der ärztlichen Maßnahmen und die zu erwartenden Heilungsmöglichkeiten.	Es muss über Art, Umfang und die Durchführung der ärztlichen Maßnahmen gesprochen werden.
3	Der Arzt erklärt die Vorteile der Behandlungsmaßnahme und auch die möglichen Risiken und Nebenwirkungen.	Es muss auch über die Nachteile einer Behandlungsmethode gesprochen werden.
4	Der Arzt führt das Gespräch 10 Minuten vor der geplanten Operation durch.	Die Aufklärung muss rechtzeitig erfolgen. Der Patient muss eine gewisse Bedenkzeit haben.
5	Der Arzt erklärt dem Patienten, der die deutsche Sprache nicht gut versteht, den geplanten Eingriff.	Der Arzt muss sich vergewissern, dass der Patient alles verstanden hat, z. B. sollte er mithilfe eines Dolmetschers das Aufklärungsgespräch führen.

2. Entscheiden Sie, für wen die Aussagen zur Aufklärungspflicht zutreffen.

		Patienten unter 14 Jahre	Patienten zwischen 14 und 18 Jahre	bewusstlose Patienten
1	Wenn eine Situation lebensbedrohlich ist, setzt der Arzt den mutmaßlichen Willen voraus, wenn er mit der Behandlung beginnt.			x
2	Der Arzt handelt, nachdem er die Persönlichkeit des Patienten eingeschätzt hat.		x	
3	Der Arzt holt die Einwilligung beider Eltern ein.	x		

3. Muss die Aufklärung immer vollständig sein?

Nein, wenn sich die umfassende Aufklärung negativ auf den Patienten auswirken kann (z. B. der Patient verkraftet die Diagnose nicht), darf der Arzt eine teilweise Aufklärung durchführen. Es gilt das Prinzip, dass der Arzt dem Patienten nicht schaden darf.

4. Darf ein Arzt oder ein Patient auf eine Aufklärung verzichten?

Der Arzt muss dem Patienten eine umfassende Aufklärung anbieten. Der Patient kann auf eine Aufklärung verzichten und muss dies eindeutig erklären.

5. Kann der Patient seine Einwilligung, z. B. zu einer Operation, widerrufen?

Ja, der Patient kann die Einwilligung jederzeit widerrufen.

AB 18 Einsichtsrecht des Patienten, Dokumentations- und Aufbewahrungspflicht des Arztes

1. Entscheiden Sie, ob der Patient in den folgenden Fällen ein Einsichtsrecht in die Karteikarte des Arztes hat. Erklären Sie, warum Sie sich so entscheiden.

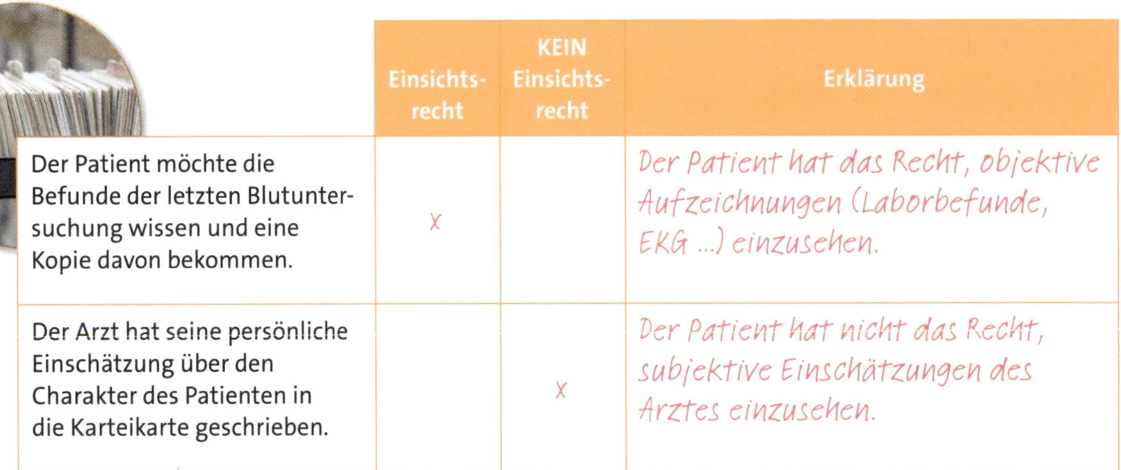

	Einsichtsrecht	KEIN Einsichtsrecht	Erklärung
Der Patient möchte die Befunde der letzten Blutuntersuchung wissen und eine Kopie davon bekommen.	x		Der Patient hat das Recht, objektive Aufzeichnungen (Laborbefunde, EKG ...) einzusehen.
Der Arzt hat seine persönliche Einschätzung über den Charakter des Patienten in die Karteikarte geschrieben.		x	Der Patient hat nicht das Recht, subjektive Einschätzungen des Arztes einzusehen.

2. Welche Aufgaben hat die Dokumentationspflicht des Arztes?

Die Dokumentation ...

- dient als Gedächtnisstütze des Arztes.
- informiert mitbehandelnde und nachbehandelnde Ärzte über Diagnosen, Befunde und durchgeführte Behandlungen.
- legt bei der Abrechnung Rechenschaft über die erbrachten Leistungen ab.
- sichert Beweise bei gerichtlichen Auseinandersetzungen.

3. Nennen Sie die Aufbewahrungsfristen für die folgenden ärztlichen Unterlagen.

	Unterlage/Dokument	Aufbewahrungsfrist
1	Durchschläge von Betäubungsmittelrezepten	3 Jahre
2	ärztliche Aufzeichnungen von Früherkennungsmaßnahmen	10 Jahre
3	Arbeitsunfähigkeitsbescheinigungen	1 Jahr
4	Überweisungen	1 Jahr
5	Karteikarten, Befundmitteilungen, Arztbriefe	10 Jahre
6	Verbandbuch	5 Jahre
7	Medizinproduktebuch	5 Jahre

AB 19 Anzeige- und Meldepflicht

1. Verschiedene Gesetze regeln, welche Vorgänge ein Arzt melden muss.
Tragen Sie die Gesetze zu den genannten Vorgängen ein.

| Personenstandsgesetz | Infektionsschutzgesetz |
| Berufskrankheiten-Verordnung (SGB) | Bundesmantelvertrag (Ärzte) |

	Vorgang	Gesetz
1	Meldung bei Berufskrankheiten	Berufskrankheiten-Verordnung (BKV)
2	Meldung von Geburt oder Tod	Personenstandsgesetz
3	Auskunft des Vertragsarztes gegenüber dem vertrauensärztlichen Dienst	Bundesmantelvertrag (Ärzte)
4	Meldung von übertragbaren Krankheiten	Infektionsschutzgesetz

2. Muss der Arzt in folgenden Fällen den Patienten anzeigen?

	Ja	Nein
Der Patient kommt mit einer Schussverletzung, die offensichtlich aus einer Straftat stammt, in die Praxis und möchte behandelt werden.		x
Der Arzt hört zufällig ein Gespräch eines Patienten mit an, in dem es offensichtlich um eine Geiselnahme geht.	x	

3. Welche Aussagen zum Infektionsschutzgesetz (IfSG) sind richtig, welche falsch?
Entscheiden Sie. Die richtigen Buchstaben ergeben das Lösungswort.

		richtig	falsch
1	Eine namentliche Meldung nach dem IfSG erfolgt bei der Erkrankung an einer behandlungsbedürftigen Tuberkulose.	(N)	E
2	Eine nicht-namentliche Meldung nach dem IfSG erfolgt bei Verdacht auf eine mikrobiell bedingte Lebensmittelvergiftung bei Beschäftigten im Lebensmittelgewerbe.	M	(O)
3	Ein ärztliches Labor muss den positiven Nachweis z. B. von Hepatitis A-, B- und C-Erregern, Masernviren und Polioviren melden.	(E)	S
4	Das IfSG unterscheidet zwischen sofortiger und namentlicher Meldung.	H	(N)
5	Wenn die Meldepflicht nicht eingehalten wird, kann ein Bußgeld verhängt werden.	(F)	Z
6	Wenn das Unterlassen einer Meldung nach dem IfSG zu einer Krankheit führt, kann dies mit einer Freiheitsstrafe bestraft werden.	(E)	W
7	Zur Meldung nach dem IfSG ist jeder Arzt verpflichtet, nicht aber MFA und Hebammen.	B	(K)
8	Das IfSG entbindet den Arzt in bestimmten Fällen von der Schweigepflicht	(I)	G
9	Die Meldung nach dem IfSG erfolgt auf einem Meldebogen der Ärztekammer.	A	(T)
10	Eine namentliche Meldung nach dem IfSG ist z. B. beim HI-Virus oder Erreger von Syphilis vorgesehen.	P	(N)
11	Eine namentliche Meldung nach dem IfSG erfolgt bei der Diagnose von z. B. Diphtherie, Masern, Mumps, Keuchhusten und Poliomyelitis.	(I)	D

Lösungswort:

11	1	5	3	7	9	8	2	10	3	4
I	N	F	E	K	T	I	O	N	E	N

AB 20 Pflichten des Patienten

1. Welches andere Wort steht für die Mitwirkungspflicht des Patienten?

Compliance

2. Entscheiden Sie, welche Pflichten der Arzt oder Patient in den folgenden Fällen nicht einhält.

		Mitwirkungs-pflicht	Offenbarungs-pflicht	Zahlungs-pflicht
1	Ein Patient verschweigt dem Arzt, dass er an Hepatitis B erkrankt ist.		X	
2	Der Arzt klagt bei einem nicht krankenversicherungspflichtigen Patienten seinen Honoraranspruch gerichtlich ein.			X
3	Diese Pflichten können vom Arzt nicht eingeklagt werden.	X	X	
4	Verschweigt der Patient vorsätzlich z. B. eine Allergie, kann dies die Schadenersatzpflicht des Arztes mindern oder ausschließen.		X	
5	Der Patient hält sich nicht an die Vorgaben des Arztes bei der Einnahme der verordneten Medikamente.	X		
6	Diese Pflichten können vom Arzt nicht erzwungen werden.	X	X	
7	Der Privatpatient zahlt die Privatliquidation des Arztes nicht.			X
8	Der Patient verschweigt dem Arzt eine kürzlich durchgeführte Operation unter Vollnarkose.		X	
9	Der Kassenpatient nimmt IGe-Leistungen in Anspruch, weigert sich jedoch die Arztrechnung zu bezahlen.			X

3. Bei der Behandlung von Kassenpatienten hat der behandelnde Vertragsarzt einen Honoraranspruch gegenüber der gesetzlichen Krankenversicherung des Patienten. Wer ist bei der Behandlung von Privatpatienten zur Zahlung verpflichtet?

In der Wortschlange verbirgt sich das Lösungswort. Unterstreichen Sie es.

LIQUIDATIONINDIKATIONEBMKASSEVERTRAGGOÄ<u>PRIVATPATIENT</u>ÄRZTEKAMMERMFABEHANDLUNG

AB 21 Karteiführung

1. Aus welchen Gründen muss ein Arzt seine Kartei (auch die elektronischen Dateien) sorgfältig führen? Nennen Sie 3 Gründe.

- *Durch die sorgfältig geführte Kartei erfüllt der Arzt seine Dokumentationspflicht.*
- *Die Kartei muss auf dem neuesten Stand sein, damit im Notfall schnell auf die erforderlichen Daten zugegriffen werden kann.*
- *Die dokumentierten Behandlungsmaßnahmen sind die Grundlage für die ärztliche Abrechnung.*

2. Beschriften Sie die abgebildete Karteikarte mit den vorgegebenen Begriffen.

| Kartenkopf | Kartenfuß | Kartenrumpf | Kartenleiste |

A B C D E F G H I J K L M N O P Q R S Sch St T U V W X Y Z

Nr.

Bemerkungen:

AOK | LKK | BKK | IKK | ErsK | AEV | Knappschaft

DAK 74602

Name, Vorname des Versicherten

Mustermann, Justus

Musterstraße 7

geb. am 11.7.2005

Kassen-Nr. | Versicherten-Nr. | Status

Betriebsstätten-Nr. | Arzt-Nr. | Datum

5167990 | 123456789 | 01

Hausstaubmilbenallergie.

Asthma

KHK

Kartenleiste

Kartenkopf

Kartenrumpf

Kartenfuß

3. Neben dem alphabetischen Sortieren kann man auch alphanumerisch, chronologisch oder sachlich sortieren. Ordnen Sie den drei Ordnungssystemen die Beschreibungen zu, indem Sie die zusammengehörigen Paare farbig markieren.

alphanumerisch | chronologisch | sachlich

Die Unterlagen werden in zeitlicher Reihenfolge sortiert, z. B. AU-Bescheinigungen nach Ausstellungsdatum.

Die Unterlagen werden in zeitlicher Reihenfolge sortiert, z. B. nach Entstehung oder nach Posteingang.

Die Unterlagen werden sowohl nach Buchstaben als auch nach Zahlen sortiert, z. B. EKG 213, Rö 120.

Kaufmännische Ablage: neustes Schriftstück liegt oben

Amtsablage: ältestes Schriftstück liegt oben

AB 22 Karteiordnung

1. Karteikarten werden oft nach einem alphabetischen System geordnet. Finden Sie die passenden Paare und verbinden Sie diese mit Linien.

Gehrke, Beate Gehrke, Konstantin Gehrke, Tina	Familiennamen mit mehreren Vornamen stehen hinter dem gleichen Familiennamen mit nur einem (gleichen) Vornamen.
Schmidt Schmidt, J. Schmidt, Susanne	Doppelnamen werden nach dem Einzelnamen sortiert und dann alphabetisch nach dem zweiten Familiennamen.
Keller Keller, Susanne Keller, Tim Keller, Tim-Niklas	Der Familienname ist das erste Ordnungsmittel.
Meier, Petra 12.6.1980 Meier, Petra 28.10.1994	Die Umlaute ä, ö, ü werden wie wie ae, oe, ue behandelt, ß wird wie ss sortiert.
Lange, Selma Lange-Kaufmann, Florian Lange-Pohl, Angelika	Familiennamen ohne Vornamen werden vor Familiennamen mit Vornamen sortiert. Abkürzungen werden wie ganze Namen sortiert.
Spree, Johann Graf von Spree, Karla von Spree, Prof. Dr. Martin von	Akademische Grade (z. B. Dr., Prof.), Berufstitel (z. B. Dipl. Ing), Namenszusätze, Vorsatzwörter (z. B. von) oder Adelstitel (z. B. Freiherr, Graf) werden bei der Sortierung nicht berücksichtigt.
Suessmilch, Adriana Süßmilch, Charlotte Süssmilch, Jan	Bei häufigen Familiennamen mit gleichem Vornamen kann z. B. das Geburtsdatum als weiteres Ordnungsmittel genommen werden.

2. Sortieren Sie die folgenden Namen entsprechend der DIN 5007, indem Sie jeweils die Zahlen von 1 bis 6 einfügen.

6	1	4	3	2	5
Schmitt, Niklas	Schmidt, Doris	Schmiedt, Anna Marie	Schmied, Karla	Schmidt, Dr. Werner	Schmitt, J. Freifrau von
3	2	1	5	4	6
Kärner, Prof. Dr. Petra	Kärner, Paula	Kähner, Thomas	Kerner, Paul-Jakob	Kerner,	Kerner-Langmann, Angelika

AB 23 Fachworttrainer Grundlagen I

1. Lösen Sie das folgende Kreuzworträtsel. (ä = ae, ö = oe, Ü = ue)

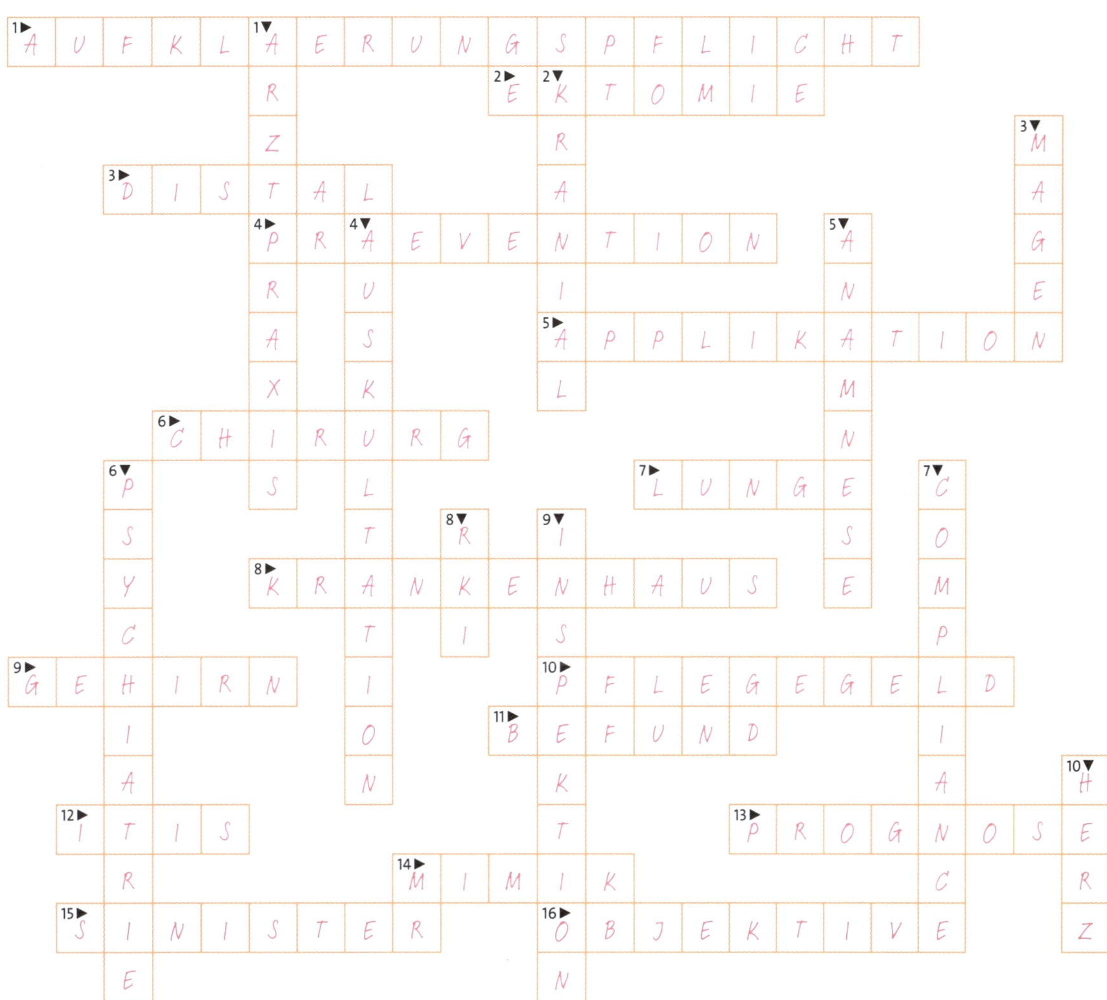

Waagerecht
1 Ärztliche Pflicht
2 Nachsilbe für Entfernung („herausschneiden")
3 Lagebezeichnung für ‚von der Körpermitte weg'
4 Früherkennung, Vorsorge
5 Darreichung, Verabreichung z. B. von Arzneimitteln
6 Facharzt für operative Behandlung
7 Organ, das zum Atmungssystem gehört
8 Dort findet stationäre Behandlung statt
9 Organ, das zum Nervensystem gehört
10 Geldleistung der Pflegeversicherung
11 Laborergebnis
12 Nachsilbe für -entzündung
13 Ärztliche Vorhersage
14 Teil der nonverbalen Kommunikation
15 Lagebezeichnung für ‚links'
16 Patient hat ein Einsichtsrecht auf ... Daten

Senkrecht
1 Dort findet ambulante Behandlung statt
2 Lagebezeichnung für ‚zum Kopf gehörig'
3 Organ, das zum Verdauungssystem gehört
4 Abhorchen, Abhören
5 Medizinische Vorgeschichte
6 Ärztliches Fachgebiet für Erkrankungen der Seele
7 Mitarbeit des Patienten
8 Abkürzung für das Robert-Koch-Institut
9 Betrachtung
10 Organ, das zum Herz-Kreislauf-System gehört

AB 24 Fachworttrainer Grundlagen II

1. Hoppla, hier ist was gehörig durcheinander geraten! Ersetzen Sie die unterstrichenen Begriffe durch ein anderes unterstrichenes Wort. Bei richtiger Lösung bleibt kein unterstrichenes Wort übrig.

Falscher Satz	Korrekter Satz
Pflegekassen sind die Kostenträger der Unfallversicherung und sind den Krankenkassen zugeordnet.	Pflegekassen sind die Kostenträger der *Pflegeversicherung* und den Krankenkassen zugeordnet.
Entsprechend dem IfSG sind positive Laborergebnisse z. B. bei COVID-19, Masern und Kinderlähmung Pflicht.	Entsprechend dem IfSG sind *namentliche Meldungen* z. B. bei COVID-19, Masern und Kinderlähmung Pflicht.
Die Gebührenordnung für die Privatpatienten heißt EBM.	Die Gebührenordnung für die Privatpatienten heißt *GOÄ*.
Klärt der Arzt den Patienten nur teilweise auf, weil die ganze Wahrheit dem Patienten gesundheitlich schaden würde, dann ist die Dokumentationspflicht trotzdem erfüllt.	Klärt der Arzt den Patienten nur teilweise auf, weil die ganze Wahrheit dem Patienten gesundheitlich schaden würde, dann ist die *Aufklärungspflicht* trotzdem erfüllt.
Die gesetzliche Arbeitslosenversicherung gehört zu den Individualversicherungen.	Die gesetzliche Arbeitslosenversicherung gehört zu den *Sozialversicherungen*.
Der Behandlungsvertrag zwischen Arzt und Patient ist ein Werkvertrag.	Der Behandlungsvertrag zwischen Arzt und Patient ist ein *Dienstvertrag*.
Die Gebührenordnung für die Kassenpatienten heißt GOÄ.	Die Gebührenordnung für die Kassenpatienten heißt *EBM*.
Der Arzt darf dem Patienten die Einsicht in die objektiven Daten in der Karteikarte verweigern.	Der Arzt darf dem Patienten die Einsicht in die *subjektiven* Daten in der Karteikarte verweigern.
Die Haftpflichtversicherung gehört zu den Sozialversicherungen.	Die Haftpflichtversicherung gehört zu den *Individualversicherungen*.
Ein Vertrag mit Erfolgsgarantie ist ein Dienstvertrag.	Ein Vertrag mit Erfolgsgarantie ist ein *Werkvertrag*.
Das Infektionsschutzgesetz schreibt vor, dass namentliche Meldungen z. B. bei HIV und Hepatitis B zu melden sind.	Das Infektionsschutzgesetz schreibt vor, dass *positive Laborergebnisse* z. B. bei HIV und Hepatitis B zu melden sind.
Der Patient hat ein Einsichtsrecht in die subjektiven Daten in der Karteikarte.	Der Patient hat ein Einsichtsrecht in die *objektiven* Daten in der Karteikarte.
Die Aufklärungspflicht dient u. a. der Gedächtnisstütze des Arztes.	Die *Dokumentationspflicht* dient u. a. der Gedächtnisstütze des Arztes.
Die Berufsgenossenschaften (z. B. BGW) sind Kostenträger der gesetzlichen Pflegeversicherung.	Die Berufsgenossenschaften (z. B. BGW) sind Kostenträger der gesetzlichen *Unfallversicherung*.

AB 1 Krankheitserreger

1. Ordnen Sie die folgenden Aussagen den vier Gruppen von Krankheitserregern in der Mitte zu. Verbinden Sie die passenden Aussagen und Krankheitserreger mit Linien.

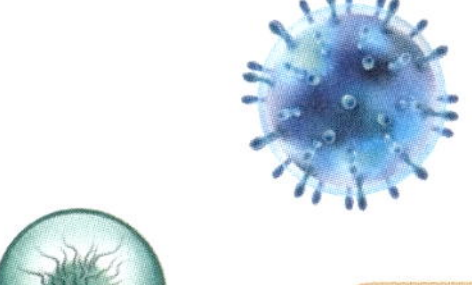

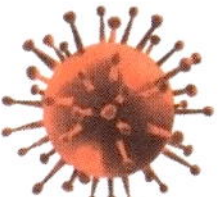

Sie sind infektiöse Eiweiße und besitzen keine Erbanlagen.

Sie sind sehr widerstandsfähig gegenüber Sterilisationsverfahren.

Die Krankheiten, die sie auslösen, heißen mit dem Fachbegriff Mykosen.

Prionen

Sie verursachen z. B. Malaria.

Pilze

Sie verursachen z. B. die Creutzfeldt-Jacob-Krankheit.

Sie können die Krankheitserreger von FSME und Borreliose übertragen.

Parasiten

Es handelt sich um tierische Einzeller.

Die Behandlung erfolgt mithilfe von Antimykotika.

Protozoen

Sie vermehren sich durch Sprossung oder durch Sporen.

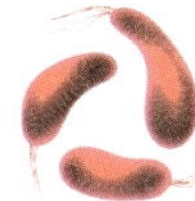

Zu ihnen zählen unter anderem Würmer und Läuse.

Sie lösen z. B. Krätze aus.

2. Kreuzen Sie an, ob die folgenden Aussagen auf Bakterien und/oder auf Viren zutreffen.

		Trifft zu auf ...	
		Bakterien	**Viren**
1	Sie sind ähnlich wie die menschliche Zelle aufgebaut, besitzen aber keinen Zellkern.	✗	
2	Sie haben keinen Stoffwechsel.		✗
3	Sie verursachen z. B. Hepatitis oder AIDS.		✗
4	Sie werden durch Sterilisationsmaßnahmen vernichtet.	✗	✗
5	Sie sind mithilfe eines Lichtmikroskops sichtbar zu machen.	✗	
6	Sie lösen z. B. Tuberkulose aus.	✗	
7	Einige Arten bilden Dauerformen, die z. T. jahrzehntelang überleben können.	✗	
8	Sie vermehren sich mithilfe von Wirtszellen, in die sie eindringen und die sie umprogrammieren.		✗
9	Sie bestehen aus einem Eiweißmantel und Erbgut (DNA oder RNA).		✗
10	Sie vermehren sich ungeschlechtlich durch Querteilung.	✗	

AB 2 Bakterien und Viren

1. Benennen Sie die abgebildeten Gruppen von Bakterien und nennen Sie je ein Beispiel für eine Krankheit, die sie auslösen.

Bezeichnung	Kokken	schraubenförmige Bakterien (Spirillen)	Stäbchenbakterien
Krankheitsbeispiel	Abszesse, eitrige Entzündungen	Syphilis (Lues)	Diphtherie, Salmonellose

2. Einige Bakterienarten verdoppeln sich alle 20 Minuten Berechnen Sie, wie viele Bakterien aus einem Bakterium in der Zeit zwischen 22 Uhr abends und 6 Uhr morgens entstehen können.

Es können 16 777 216 Bakterien entstehen.

3. Ordnen Sie die Beschreibung der Virusvermehrung den Abbildungen zu, indem Sie die Zahlen eintragen.

1 Die umprogrammierte Zelle produziert aus dem Zellmaterial neue Viren.
2 Neue Viren verlassen die Wirtszelle, die abstirbt.
3 Viren docken an die Wirtszelle an.
4 Viren dringen in die Wirtszelle ein.
5 Viren entlassen ihr Erbgut in die Zelle und programmieren sie um.

4. Entscheiden Sie, ob die folgenden Krankheiten durch Bakterien oder durch Viren ausgelöst werden, indem Sie in die Kästchen ein B bzw. ein V schreiben

5. Gegen welche der oben genannten Krankheiten gibt es keine Impfung?

Gegen Scharlach und Pfeiffersches Drüsenfieber gibt es keine Impfung.

AB 3 Viren und Pilze

1. Begründen Sie, warum bei Krankheiten, die durch Viren verursacht werden, eine Therapie mit Antibiotika nicht sinnvoll ist.

Viren sind keine Lebewesen. Deshalb haben sie keinen Stoffwechsel und können Antibiotika nicht aufnehmen. Somit bleiben Antibiotika wirkungslos.

2. Lösen Sie das folgende Silbenrätsel. Der erste Buchstabe jeden Wortes ergibt von oben nach unten gelesen das Lösungswort.

che	der	der	do	ek	en	feuch	fü	gan	gel	im	im	keit	kin	ko	ko	ko
ma	Mensch	mun	mun	my	my	my	nä	nas	or	phy
schwä	se	sen	sen	sen	spros	ße	sung	sys	tem	ten	Tier	tig	to	to	zu

1 Dermatophyten
Diese Pilze befallen Haut, Nägel und Haare.

2 Endomykosen
Fachausdruck für Pilzerkrankungen von Schleimhaut und Organen.

3 Sprossung
Eine Art der Vermehrung von Pilzen.

4 Immunschwäche
Ein anderes Wort für die Verminderung der Abwehrmaßnahmen in unserem Körper.

5 nasse Füße
Ein Risikofaktor für das Auftreten einer Pilzerkrankung (zwei Worte).

6 Feuchtigkeit
In diesem Milieu vermehren Pilze sich gut.

7 Ektomykosen
Fachausdruck für Pilzerkrankungen von Haut, Nägeln und Haaren.

8 Kinder
Auch diese Personengruppe sollte zum Schutz vor Pilzerkrankungen schon Schuhe tragen, die groß genug sind.

9 Tier zu Mensch
Eine Möglichkeit der Übertragung von Pilzen.

10 Immunsystem
Dieses Organsystem wehrt Fremdsubstanzen wie z. B. Krankheitserreger ab.

11 Organmykosen
Hierfür sind Patienten während einer Chemotherapie besonders anfällig.

12 Nägel
Diese Bestandteile der Hände und Füße können von Pilzen befallen werden.

Lösungswort:

1	2	3	4	5	6	7	8	9	10	11	12
D	E	S	I	N	F	E	K	T	I	O	N

3. Nennen Sie drei Beispiele für Personengruppen, die besonders gefährdet sind, an Mykosen zu erkranken.

- Diabetiker aufgrund von Durchblutungsstörungen z. B. an den Zehen
- Patienten, deren Immunsystem aufgrund einer Chemotherapie geschwächt ist
- Personen, die ständig Kontakt mit Wasser haben und deren Haut dadurch strapaziert ist
- Patienten mit chronischen Erkrankungen des Immunsystems, z. B. AIDS

BEHANDLUNGSASSISTENZ

Lernfeld 3

AB 4 Infektionskrankheiten

1. Ordnen Sie die Aussagen den Stadien von Infektionskrankheiten (orange Kästchen) zu. Verbinden Sie die passenden Aussagen und Stadien mit Linien.

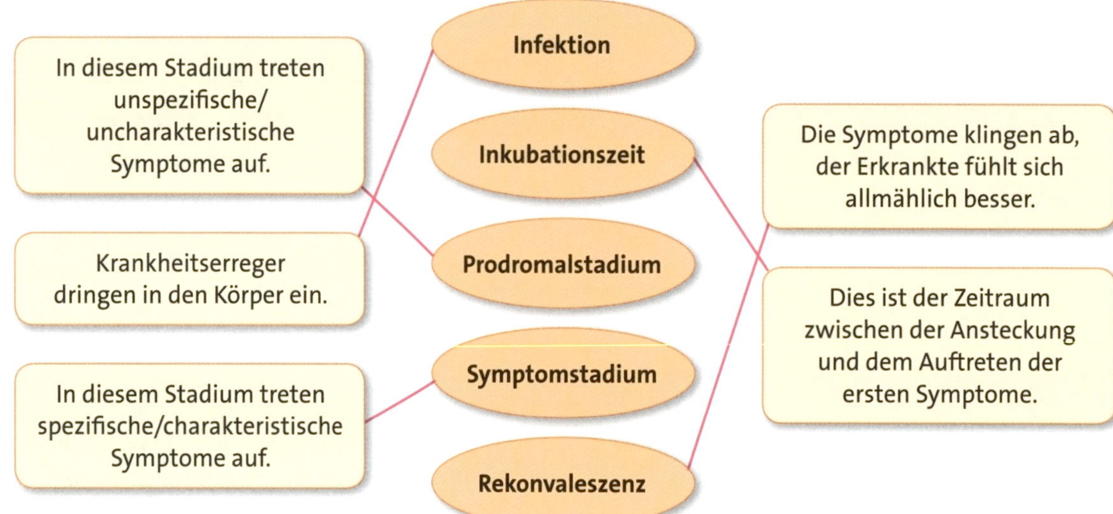

2. Der folgende Text beschreibt die Infektionskrankheit Masern. Unterteilen Sie den Text in die Stadien einer Infektionskrankheit. Markieren Sie die einzelnen Phasen mit einer Klammer und schreiben Sie an den Rand die jeweilige Phase.

Von der Infektion bis zum Ausbruch der Krankheit vergehen etwa 8 bis 10 Tage. } *Inkubationszeit*

An Masern erkrankte Kinder zeigen zunächst Anzeichen einer schweren Erkältung mit Schnupfen und trockenem Husten. Es kommt zu einer Bindehautentzündung mit geröteten und tränenden Augen. Kinder mit Masern empfinden das Tageslicht als schmerzhaft (Lichtempfindlichkeit). Es kommt zu Fieberschüben bis 41 Grad Celsius. } *Prodromalstadium*

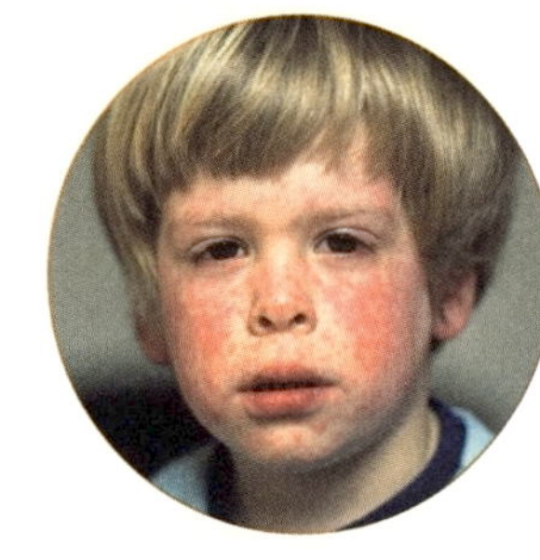

Etwa vier Tage nach den ersten Beschwerden der Masern entsteht ein roter, fleckiger Hautausschlag: Kleinere hellrote Flecken fließen allmählich zu größeren roten Flächen zusammen. Der Ausschlag beginnt meist hinter den Ohren, am Hals und im Gesicht; innerhalb von ein bis zwei Tagen breitet er sich über den gesamten Körper aus. Der maserntypische Ausschlag hält zirka fünf Tage an. Die Lymphknoten am Hals können anschwellen und empfindlich sein. Verschwinden das Fieber und der Ausschlag, kann nach der Maserninfektion eine kleieartige Schuppung zurückbleiben. } *Symptomstadium*

Nach etwa einer Woche bis zehn Tagen verbessert sich der Gesundheitszustand der Erkrankten. } *Rekonvaleszenz*

AB 5 Übertragungswege

1. Kreisen Sie ein, welche Aussagen auf die angegebenen Übertragungswege zutreffen. Bei richtiger Lösung ergibt sich durch die Buchstaben in den farbigen Kästchen der Terminus für ‚verunreinigt'.

		Tröpfcheninfektion	Nahrungsmittelinfektion	Kontaktinfektion	Transplazentare Infektion	Schmierinfektion	Infektion durch tierische Zwischenträger
1	Die Erreger von Bronchitis und Pneumonie werden auf diesem Weg übertragen.	(K)	I	F	Ü	S	N
2	Die Erreger der Gonorrhoe und der Syphilis werden auf diesem Weg übertragen.	N	F	(O)	U	A	B
3	In der Arztpraxis können die Erreger der Hepatitis B auf diesem Weg übertragen werden.	E	D	F	O	(N)	M
4	Die Erreger von Magen-Darm-Erkrankungen und Hepatitis A werden auf diesem Weg übertragen.	R	(T)	I	E	G	H
5	Die Erreger von Malaria, FSME und Borreliose werden auf diesem Weg übertragen.	T	I	U	K	Ü	(A)
6	Rötelnviren und HI-Viren werden auf diesem Weg übertragen.	W	T	A	(M)	Ä	Z
7	Es handelt sich um die Übertragung der Erreger z. B. durch sexuelle Kontakte	V	X	(I)	R	E	M
8	Es handelt sich um die Übertragung der Erreger z. B. durch Zecken, Mücken oder Fliegen.	B	D	A	O	I	(N)
9	Es handelt sich um die Übertragung der Erreger z. B. durch verschmutzte Gegenstände.	T	Z	N	E	(I)	U
10	Es handelt sich um die Übertragung der Erreger z. B. durch Nahrungsmittel und Wasser.	W	(E)	D	Ö	D	A
11	Es handelt sich um die Übertragung der Erreger z. B. durch Speicheltröpfchen.	(R)	U	F	A	S	N
12	Es handelt sich um die Übertragung der Erreger über die Plazenta.	Q	E	U	(T)	O	R

Lösungswort:

K	o	n	t	a	m	i	n	i	e	r	t

AB 6 Hepatitis B

1. Ergänzen Sie die Karteikarte zur Hepatitis B.

	Hepatitis B
Auslösender Krankheitserreger	Hepatitis-B-Virus
mögliche Übertragungswege	• ungeschützter Geschlechtsverkehr
	• gemeinsame Benutzung von Spritzen
	• Kontakt mit Blut oder Blutprodukten auf nicht intakter Haut
	• transplazentare Übertragung von Mutter auf ungeborenes Kind
Inkubationszeit	zwei bis sechs Monate
Symptome im Prodromalstadium	unspezifische/uncharakteristische Symptome wie:
	• Übelkeit
	• Appetitlosigkeit
	• Abneigung z. B. gegen Fett
	• grippeähnliche Symptome
Symptome/Befunde im Symptomstadium	spezifische/charakteristische Symptome wie
	• Ikterus von Haut und Skleren
	• Dunkelfärbung des Urins
	• Entfärbung des Stuhls
	• Anstieg der Transaminasen (ALT, AST, Gamma-GT)
	• Oberbauchschmerzen
Therapie	symptomatische Therapie der Beschwerden
Prävention	• Impfung gegen Hepatitis B
	• Einhalten der Hygienevorschriften
	• Benutzung von Kondomen
Komplikationen	• Übergang in eine Leberzirrhose oder ein Leberzellkarzinom möglich

2. Markieren Sie die richtigen Aussagen zur Krankheit AIDS in grün, die falschen in rot.

- Das HI-Virus kann nach ca. 3–12 Wochen indirekt nachgewiesen werden, weil sich dann im Körper des Infizierten Antikörper gebildet haben.
- Die Krankheit ist so schwerwiegend, dass Patienten in Deutschland innerhalb weniger Monate sterben.
- AIDS ist bei MFA als Berufskrankheit anerkannt.
- Das HI-Virus wird z. B. durch Händeschütteln bei der Begrüßung übertragen.
- Eine Schutzmaßnahme vor AIDS ist eine Impfung.
- Die HI-Viren vernichten die Gedächtniszellen.
- Als Therapie werden z. B. virushemmende Medikamente verabreicht.
- Die Abkürzung AIDS steht für erworbenes Immunschwäche-Syndrom.
- Besonders viele HI-Viren befinden sich im Blut, im Sperma und im Scheidensekret.

AB 7 Meldepflicht

1. Nennen Sie Beispiele für Untersuchungsmaterialien, die man in der Arztpraxis für den Nachweis von Krankheitserregern benutzen kann.

Urin, Stuhl, Sputum (Auswurf), Abstriche (z. B. aus dem Rachen), Haare, Hautpartikel, Punktate, Blut

2. Einige Infektionskrankheiten sind meldepflichtig. Die Meldepflicht ist im Infektionsschutzgesetz geregelt. Begründen Sie, warum die Meldepflicht wichtig ist.

Sie ist wichtig, weil der Staat bzw. die zuständigen Behörden bei eventuell auftretenden Epidemien schnell Gegenmaßnahmen ergreifen kann/können und so die weitere Verbreitung von Krankheiten eindämmen kann/können.

3. Wer muss die Krankheiten bzw. den Nachweis von Krankheitserregern melden und an welche Institution muss gemeldet werden?

Die Meldung erfolgt durch Ärzte oder Labore an die zuständigen Behörden, z. B. die Gesundheitsämter, und teilweise auch direkt an das Robert-Koch-Institut.

4. Kreuzen Sie in der Tabelle an, was bezüglich der Meldepflicht gilt.

Krankheit	keine Meldepflicht	Meldung der Krankheit	Meldung des Erregernachweises	namentliche Meldung	nicht-namentliche Meldung
AIDS/HIV			✗		✗
COVID-19		✗	✗	✗	
FSME			✗	✗	
Gonorrhoe	✗				
Hepatitis B			✗	✗	
Masern		✗	✗	✗	
Mumps		✗	✗	✗	
Röteln		✗	✗	✗	
Salmonellose			✗	✗	
Scharlach	✗				
Tetanus	✗				
Tuberkulose		✗	✗	✗	
Windpocken		✗	✗	✗	

BEHANDLUNGSASSISTENZ Lernfeld 3

AB 8 Impfungen I

1. Entscheiden, ob die folgenden Aussagen auf die aktive oder die passive Immunisierung zutreffen. Kreisen Sie jeweils den richtigen Buchstaben ein. Bei richtiger Lösung ergibt sich als Lösungswort eine Krankheit, gegen die geimpft werden kann.

		Aktive Immunisierung	Passive Immunisierung
1	Es werden Antigene injiziert.	(U)	M
2	Der Impfschutz besteht sehr schnell nach der Injektion.	A	(R)
3	Der Körper reagiert auf die Immunisierung, indem er Antikörper bildet.	(I)	L
4	Beispiele hierfür sind die Immunisierungen gegen Mumps, Masern und Röteln.	(S)	A
5	Der Impfschutz tritt nach etwa 14 Tagen ein.	(P)	R
6	Diese Impfung wird bei Verdacht auf eine Infektion gegeben.	I	(S)
7	Es werden spezifische Antikörper oder Immunglobuline injiziert.	A	(S)
8	Der Impfschutz hält wenige Wochen an.	E	(T)
9	Der Impfschutz hält Jahre bis Jahrzehnte an.	(E)	D

Lösungswort:

5	9	2	8	1	4	7	3	6
P	E	R	T	U	S	S	I	S

2. Erklären Sie, was man unter einer Mehrfachimpfung und einer Simultanimpfung versteht. Nennen Sie jeweils Beispiele.

	Erklärung	Beispiele
Mehrfach-impfung	Es wird gegen mehrere Krankheiten gleichzeitig mit einem sogenannten Mehrfachimpfstoff (z. B. Hexion®, Infanrix hexa®) geimpft.	Impfung gegen Tetanus, Diphtherie, Keuchhusten, Hepatitis B, Poliomyelitis, Hib (Haemophilus influenzae Typ b)
Simultan-impfung	Es handelt sich um die gleichzeitige aktive und passive Immunisierung an zwei verschiedenen Körperstellen.	Impfung gegen Tetanus (Tetanol® und Tetagam®)

3. Welche Regeln müssen Sie beim Transport und bei der Lagerung von Impfstoffen beachten?

Die Kühlkette darf nicht unterbrochen werden, d. h., Impfstoffe müssen bei einer Temperatur zwischen +2 und +8 Grad Celsius transportiert und gelagert werden. Der Impfstoff darf erst kurz vor der Impfung aus dem Kühlschrank genommen werden.

AB 9 Impfungen II

1. Erklären Sie den Unterschied zwischen Lebendimpfstoffen und Totimpfstoffen. Nennen Sie auch Beispiele.

	Erklärung	Beispiele
Lebend-impfstoff	Lebendimpfstoffe enthalten geringe Mengen an vermehrungsfähigen Krankheitserregern, die aber in abgeschwächter Form vorliegen.	Impfstoffe gegen Mumps, Masern, Röteln, Windpocken, Rotaviren
Tot-impfstoff	Totimpfstoffe enthalten inaktivierte Krankheitserreger, die sich nicht mehr vermehren können, Teile davon oder Erregergifte.	Impfstoffe gegen Diphtherie, Hepatitis B, Poliomyelitis, Keuchhusten, Tetanus

2. Welche Institution empfiehlt in Deutschland Impfungen? Warum ist die Empfehlung dieser Institution für die Patienten wichtig?

Die STIKO (Ständige Impfkommission) empfiehlt die Impfungen. Wenn die STIKO die Impfungen empfiehlt, übernehmen die Krankenkassen die Kosten für diese Impfungen.

3. Entscheiden Sie bei den folgenden Aussagen, ob diese richtig oder falsch sind. Streichen Sie die falschen Aussagen durch. Korrigieren Sie die Sätze mit falschen Aussagen in der Tabelle.

1 ~~Bei Indikationsimpfungen handelt es sich um Impfungen, die für alle Personen empfohlen werden.~~
2 Medizinisches Personal sollte gegen Hepatitis B geimpft sein.
3 ~~In Deutschland gibt es eine allgemeine Impfpflicht.~~
4 Bei Impfstoffen darf während des Transportes die Kühlkette nicht unterbrochen werden.
5 ~~Menschen über 60 Jahre sollten sich alle 10 Jahre gegen Virusgrippe impfen lassen.~~
6 In bestimmten Gebieten in Deutschland sollten Personen sich gegen FSME impfen lassen.

	Richtig	Falsch	Korrektur der falschen Aussagen
1		✗	Bei Indikationsimpfungen handelt es sich um Impfungen, die für bestimmte Personengruppen empfohlen werden.
2	✗		–
3		✗	In Deutschland gibt es keine allgemeine Impfpflicht.
4	✗		–
5		✗	Menschen über 60 Jahre sollten sich jedes Jahr gegen Virusgrippe impfen lassen.
6	✗		–

BEHANDLUNGSASSISTENZ
Lernfeld 3

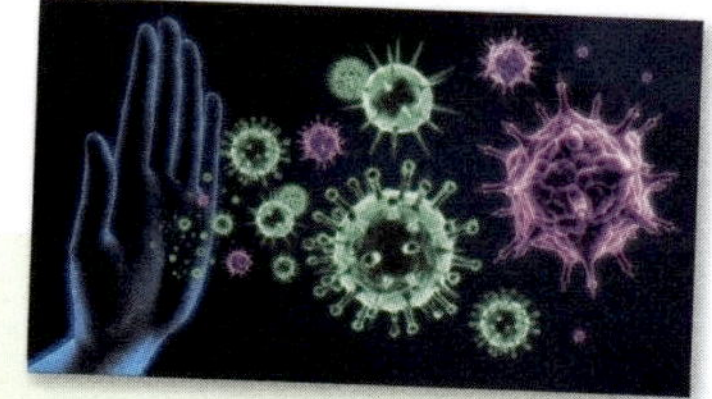

AB 10 Impfungen in der Diskussion

Frau Wolter ist mit ihrer 6-jährigen Tochter in die Praxis gekommen, um ihren eigenen Impfschutz und den ihrer Tochter überprüfen zu lassen.
Sie kontrollieren die Impfpässe beider Patientinnen und stellen fest, dass einige Auffrischimpfungen notwendig sind. Frau Wolter ist sich aber nicht sicher, ob sie sich und ihre Tochter überhaupt weiterhin impfen lassen sollen. Sie habe in letzter Zeit viele Meinungen gegen Impfungen gehört und sei sehr verunsichert. Und das mit dem Herdenschutz hätte sie sowieso nicht verstanden.

1. Erklären Sie Frau Wolter, warum Impfungen wichtig sind. Erläutern Sie auch den Begriff Herdenschutz.

Die Krankheiten, gegen die man impfen kann, sind keine harmlosen Krankheiten, sie können unter Umständen tödlich enden. Deshalb empfiehlt die STIKO bestimmte Impfungen, deren Kosten dann von den Krankenkassen übernommen werden. Häufig handelt es sich um (Virus)Krankheiten, die nicht mit spezifischen Medikamenten behandelt werden können.

Unter Herdenschutz/Herdenimmunität versteht man, dass Personen, die aus bestimmten Gründen nicht geimpft werden können, durch eine hohe Zahl geimpfter Personen geschützt werden. Nicht geimpft werden können z. B. Personen mit geschwächtem Immunsystem, Neugeborene oder Säuglinge, da sie für manche Impfungen noch zu jung sind.

2. Warum soll medizinisches Personal gegen Hepatitis B und Virusgrippe geimpft sein?

Medizinisches Personal muss eventuell infektiöse Körperflüssigkeiten gewinnen oder sie untersuchen. Dabei kann es sich mit Hepatitis-B-Viren infizieren. Die Impfung gegen Virusgrippe ist wichtig, weil in alle Arztpraxen – gleich, welcher Fachrichtung – Patienten mit dieser Krankheit kommen können.

3. Wie müssen Impfungen dokumentiert werden? Ergänzen Sie die Lücken.

Impfungen müssen in der Kartei des Patienten mit folgenden drei Angaben dokumentiert werden:

1. Tag der Impfung 2. Art der Impfung 3. Chargen-Nummer des Impfstoffes

Außerdem muss eine Eintragung mit den gleichen Angaben im Impfausweis **vorgenommen werden. Der Eintrag muss** gestempelt **werden und der Arzt muss** unterschreiben.

4. Seit kurzer Zeit gibt es in Deutschland eine Impfpflicht gegen Masern. Begründen Sie, warum dies wichtig ist.

Sie ist wichtig, weil Masern sehr ansteckend sind und schwere Komplikationen verursachen können, z. B. Gehirnentzündungen, die zum Tod führen können. Außerdem hat man festgestellt, dass die Masernviren das Immunsystem längere Zeit schwächen, sodass man für andere Krankheiten anfälliger wird.

Lernfeld 3 BEHANDLUNGSASSISTENZ

AB 11 Praxishygiene, Desinfektionsplan

1. Begründen Sie, warum Hygiene in der Arztpraxis so wichtig ist.

Sie ist wichtig, weil damit sowohl das Personal als auch die Patienten vor Infektionen geschützt werden.

2. Nennen Sie Hygienemaßnahmen, die Sie in der Arztpraxis durchführen.

Flächendesinfektion, Instrumentendesinfektion, Händedesinfektion, Hautdesinfektion, Wunddesinfektion, Sterilisation von Instrumenten

3. Nennen Sie Beispiele für Gesetze und Verordnungen, die die Hygiene in der Arztpraxis regeln.

Infektionsschutzgesetz (IfSG), Hygieneverordnungen der Bundesländer, Verordnungen des Robert-Koch-Instituts, Verordnungen der Kommission für Krankenhaushygiene und Infektionsprävention (KRINKO), Medizinproduktegesetz (MPG), Medizinprodukte-Betreiber-Verordnung (MPBetreibV), Technische Regeln für Gefahrstoffe (TRGS), Technische Regeln biologische Arbeitsstoffe (TRBA), Vorschriften und Regeln der Berufsgenossenschaften, z. B. der BGW.

4. Ergänzen Sie die fünf W im folgenden Desinfektionsplan.

Was	Wann	Wie	Womit	Wer
Stethoskop	Nach Benutzung	Wisch-desinfektion	Produkt XY Konzentration 1 % Einwirkzeit 15 Min.	Arzt MFA
...	...	...	...	...

5. Kreuzen Sie an, ob die folgenden Aussagen zum Desinfektionsplan richtig oder falsch sind.

		Richtig	Falsch
1	Chirurgische Praxen müssen Desinfektionspläne erstellen, in anderen Fachgebieten ist sie freiwillig.		✗
2	Es reicht, wenn eine Praxis einen Desinfektionsplan für alle Funktionsbereiche erstellt.		✗
3	Der Desinfektionsplan muss erneuert werden, wenn man z. B. die Produkte wechselt.	✗	
4	Die Regelungen, die im Desinfektionsplan niedergeschrieben sind, gelten nur für Auszubildende.		✗
5	Die Mitarbeiter müssen in regelmäßigen Abständen in den Desinfektionsplan eingewiesen werden.	✗	
6	Ein einmal erstellter Desinfektionsplan gilt so lange, bis der Praxisinhaber wechselt.		✗

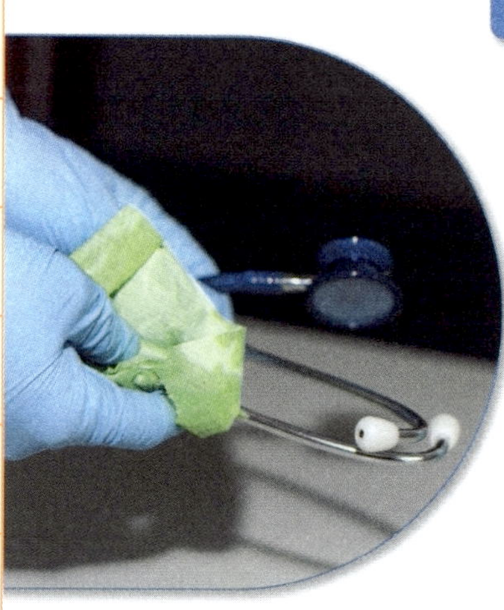

AB 12 Medizinprodukte, persönliche Hygiene

1. Medizinprodukte werden in drei Risikogruppen eingestuft. Ordnen Sie die Kästchen derselben Risikogruppe einander zu. Markieren Sie sie dafür jeweils mit der gleichen Farbe.

	Medizinprodukte, die mit Schleimhäuten oder krankhaft veränderter Haut in Berührung kommen	Medizinprodukte, die die Haut/Schleimhäute durchdringen und dabei mit Blut in Berührung kommen
unkritische Medizinprodukte	sehr hohe Anforderungen an die Wiederaufbereitung	keine besonderen Anforderungen an die Wiederaufbereitung
semikritische Medizinprodukte	z. B. Blutdruckmanschetten, Stethoskope, Saugelektroden	erhöhte Anforderungen an die Wiederaufbereitung
kritische Medizinprodukte	z. B. Skalpelle, Wundhaken, Kanülen, Akupunkturnadeln	Medizinprodukte, die nur mit intakter Haut in Berührung kommen
	z. B. Scheren, Klemmen, Pinzetten, Endoskope	

2. Ihre neue Auszubildende Lisa kommt heute zu ihrem ersten Arbeitstag in die Praxis. Schauen Sie sich Lisa an. Notieren Sie, was Lisa in Bezug auf ihre persönliche Hygiene für die Arbeit in der Praxis ändern muss.

- Sie muss die Haare beim Arbeiten zusammenbinden.
- Die Nägel müssen frei von Nagellack sein sowie kurz und rund geschnitten sein.
- Das Armband und die Ringe müssen abgenommen werden.
- Lisa muss bei der Arbeit geschlossene Schuhe aus glattem Material tragen.

3. Erklären Sie die Begriffe Arbeitskleidung/Berufskleidung und Schutzkleidung.

	Erklärung
Arbeitskleidung/ Berufskleidung	Arbeitskleidung ist die Kleidung, die von allen Mitarbeitern der Praxis getragen wird und die private Kleidung schützt. Sie dient auch einem gemeinsamen Erscheinungsbild der Praxis.
Schutzkleidung	Schutzkleidung ist die Kleidung, die in Räumen oder bei Tätigkeiten mit einer bestimmten Funktion getragen wird, z. B. OP-Kleidung, Schutzhandschuhe, Schutzkittel, Schutzbrillen. Diese Kleidung muss beim Verlassen des Funktionsbereiches ausgezogen werden.

AB 13 Arbeits- und Schutzkleidung, Händedesinfektion

1. Wer übernimmt die Kosten für die Beschaffung und Reinigung der Arbeits- und der Schutzkleidung?

Die Kosten für die Beschaffung und die Reinigung übernimmt der Arbeitgeber (laut Manteltarifvertrag).

2. Die hygienische Händedesinfektion ist eine wichtige Maßnahme in der ärztlichen Praxis. Kreuzen Sie an, ob im Zusammenhang mit den beschriebenen Situationen die Durchführung der hygienischen Händedesinfektion notwendig oder nicht notwendig ist.

		notwendig	nicht notwendig
1	Die MFA bereitet die Materialien für eine i. m.-Injektion vor, die die Kollegin dann verabreicht.	✗	
2	Die MFA bringt dem Arzt Rezepte zur Unterschrift in das Sprechzimmer.		✗
3	Die MFA fängt nach der Mittagspause wieder an zu arbeiten.	✗	
4	Die MFA kommt als erste in die Praxis, stellt die Kaffeemaschine an und fährt die Computer hoch. Dann lässt sie die ersten Patienten in die Praxis.	✗	
5	Die MFA legt die Materialien für eine Venenpunktion bereit und führt die venöse Blutentnahme dann selbst durch.	✗	
6	Die MFA nimmt den Urin von einem Patienten entgegen, den dieser von zuhause mitgebracht hat.	✗	
7	Die MFA packt eine Warensendung mit Praxisflyern aus und legt sie auf den Anmeldetresen.		✗
8	Die MFA scannt Befundberichte ein und fügt sie in die Patientenkartei ein.		✗
9	Die MFA sortiert die Post, die der Zusteller auf den Anmeldetresen gelegt hat.		✗
10	Einige Patienten begrüßen die MFA und die Ärzte mit Handschlag.	✗	

3. Nennen Sie zwei Begründungen, warum eine korrekt durchgeführte hygienische Händedesinfektion dreißig Sekunden dauern muss.

1. Man benötigt 30 Sekunden, um alle Hautpartien der Hände gründlich mit dem Mittel einzureiben.
2. Die Wirkstoffe im Desinfektionsmittel benötigen 30 Sekunden, um die Zahl der Erreger so weit zu reduzieren, dass eine Infektion unwahrscheinlich wird.

4. Kreisen Sie die Stellen n der abgebildeten Hand ein, bei denen man bei einer nicht fachgerecht durchgeführten Händedesinfektion häufig Benetzungslücken findet.

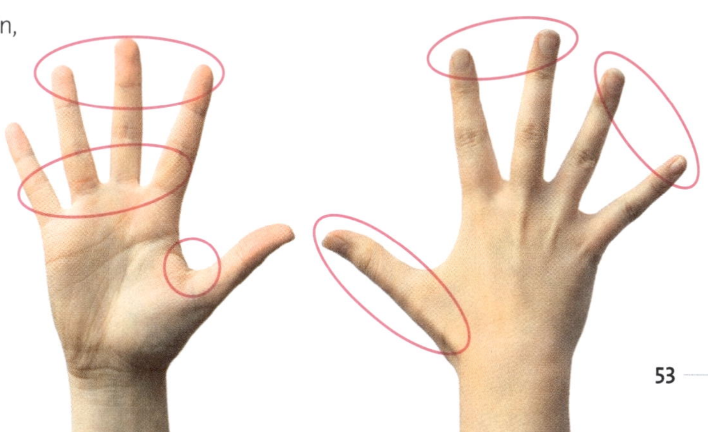

AB 14 Einreibemethode, chirurgische Händedesinfektion

1. Beschreiben Sie anhand der Abbildungen, worauf man bei der eigenverantwortlichen Einreibemethode der hygienischen Händedesinfektion achten muss.

Genügend Desinfektionsmittel in die trockene hohle Hand geben. Nicht automatische Spender mit dem Ellenbogen betätigen.

Desinfektionsmittel 30 Sekunden lang in die Hände einreiben, dabei alle Hautpartien erfassen.

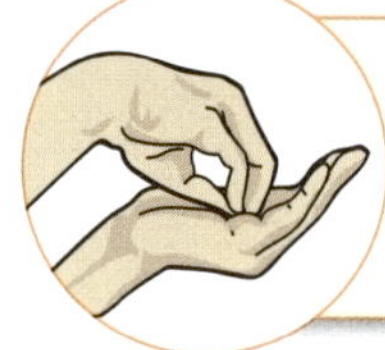

Wichtig ist das Einreiben der Fingerkuppen.

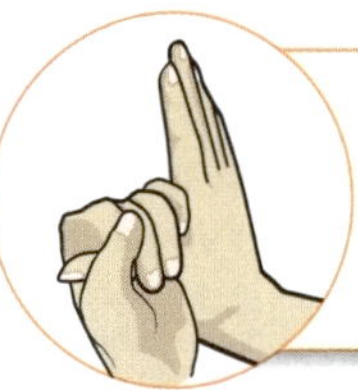

Den Daumen mit den Fingern der anderen Hand gründlich mit Desinfektionsmittel einreiben.

2. Erläutern Sie mithilfe der vier Abbildungen die chirurgische Händedesinfektion.

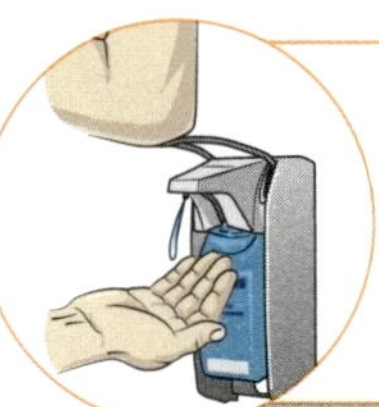

Genügend Händedesinfektionsmittel aus dem Spender in die trockene hohle Hand geben. Den Spender mit dem Ellenbogen betätigen.

Zunächst beide Hände und anschließend beide Unterarme bis zum Ellenbogen benetzen. Die Hände dabei über den Ellenbogen halten.

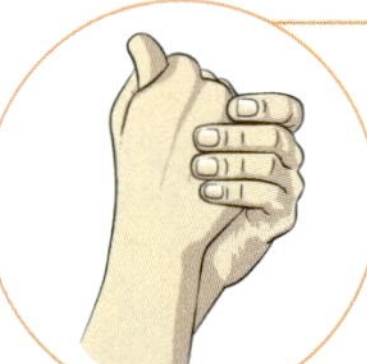

Hände sorgfältig desinfizieren. Dabei liegt das Hauptaugenmerk auf den Fingerkuppen, Nagelfalzen und Fingerzwischenräumen. Auf eine lückenlose Benetzung achten.

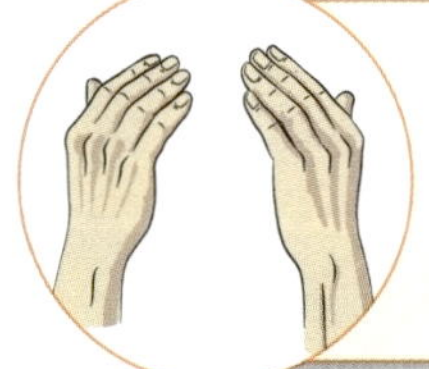

Vor dem Anlegen von OP-Handschuhen die Hände an der Luft trocknen lassen.

AB 15 Chirurgische Händedesinfektion, Instrumentendesinfektion

1. Beschreiben Sie, wann die Hände vor der chirurgischen Händedesinfektion gewaschen werden müssen.

Vor Dienstbeginn bzw. spätestens vor Anlegen der OP-Kleidung.

Bei sichtbarer Verschmutzung.

2. Warum ist die Handpflege nach der Händedesinfektion so wichtig?

Sie ist wichtig, damit die Haut nicht trocken und rissig wird und damit anfälliger für Infektionen.

3. Sie haben ein neues Konzentrat für die Instrumentendesinfektion bestellt. Es ist heute geliefert worden. Sie lesen das Etikett durch. Beantworten Sie die Fragen zu diesem Mittel.

DOSODOM – Instrumenten-Desinfektionsmittel-Konzentrat

100 g enthalten: 27 g Didecyldimethylammoniumchlorid, 35 g Nonylphenolethoxylat, Duft- und Hilfsstoffe
Wirkungsspektrum: fungizid, bakterizid, viruzid
Dosierung laut VAH:

Wirksam gegen	Konzentration	Einwirkzeit
HBV, HIV	3,5 %	30 Minuten
Bakterien	2 %	45 Minuten
Pilze	6,5 %	60 Minuten

Das Desinfektionsmittel muss mit kaltem Wasser angesetzt werden.

Beachten Sie die Vorschriften der BGW: Vermeiden Sie Hautkontakt mit dem Mittel. Halten Sie das Mittel von Kindern fern.

a. Geben Sie an, gegen welche Gruppen von Krankheitserregern das Mittel wirksam ist.

Es wirkt gegen Pilze (fungizid), gegen Bakterien (bakterizid) und gegen Viren (viruzid).

b. Begründen Sie, warum man Hautkontakt mit dem Mittel vermeiden soll.

Das Mittel ist aggressiv zur Haut und würde sie schädigen.

Deshalb soll man Handschuhe tragen.

c. Kreuzen Sie an, welche Bedeutung das im Etikett abgebildete Gefahrenpiktogramm hat.

- ○ Gefahr Gift
- ○ Achtung entzündlich
- ○ Achtung ätzend
- ☒ Gesundheitsgefahr
- ○ Warnung vor Biogefährdung

d. Berechnen Sie: Sie benötigen 3 Liter der Desinfektionslösung für Instrumente, die bei einem an AIDS erkrankten Patienten benutzt wurden. Wie viel Konzentrat und wie viel Wasser benötigen Sie?

$$\frac{3\,000\text{ ml} \cdot 3{,}5\,\%}{100\,\%} = 105\text{ ml Konzentrat}$$

$$3\,000\text{ ml} - 105\text{ ml} = 2\,895\text{ ml Wasser}$$

AB 16 Instrumentendesinfektion

1. Warum muss Desinfektionsmittel-Konzentrat mit kaltem Wasser angesetzt werden?

Wenn man warmes oder heißes Wasser verwenden würde, könnte es zu einer unangenehmen und gesundheitsschädlichen Geruchsbelästigung kommen.

2. Erklären Sie, wofür die Abkürzungen auf dem Etikett auf Seite 55 stehen:

HBV: Hepatitis-B-Virus

HIV: Humanes Immunschwäche-Virus

VAH: Verbund für angewandte Hygiene

BGW: Berufsgenossenschaft für Gesundheitsdienst und Wohlfahrtpflege

3. Sie setzen ein Desinfektionsbad an. Kreuzen Sie an, wie Sie korrekt vorgehen.

- ☐ Sie geben Wasser in die Desinfektionswanne und geben dann Konzentrat dazu. Dann vermischen sie beides mit den Händen.
- ☒ Sie geben Wasser in die Desinfektionswanne und geben dann Konzentrat dazu. Sie vermischen beides durch langsames Anheben und Absenken des Siebeinsatzes.
- ☐ Sie geben Konzentrat in die Desinfektionswanne und geben dann Wasser dazu. Dann vermischen sie beides mit den Händen.
- ☐ Sie geben Konzentrat in die Desinfektionswanne und geben dann Wasser dazu. Sie vermischen beides durch langsames Anheben und Absenken des Siebeinsatzes.

4. Sie sollen benutzte Instrumente, die eitrig-blutig sind, für die Sterilisation vorbereiten. In welcher Reihenfolge gehen Sie vor? Tragen Sie die Ziffern in die Kästchen ein.

8	Instrumente abtrocknen und verpacken
2	Instrumente in das Desinfektionsbad einlegen, Scheren und Klemmen vorher öffnen
3	Einwirkzeit abwarten
1	grobe Verschmutzungen mit Zellstoff entfernen
7	Instrumente erneut mit z. B. voll entmineralisiertem Wasser (VE-Wasser) abspülen
6	Instrumente evtl. in einem Desinfektionsbad unter der Flüssigkeitsoberfläche mechanisch nachreinigen
5	Kontrollieren, ob sich noch Verschmutzungen auf den Instrumenten befinden
4	Instrumente nach Ablauf der Einwirkzeit z. B. mit voll entmineralisiertem Wasser (VE-Wasser) abspülen

5. Wie wird das abgebildete Gerät genannt? Nennen Sie die Abkürzung und die vollständige Bezeichnung.

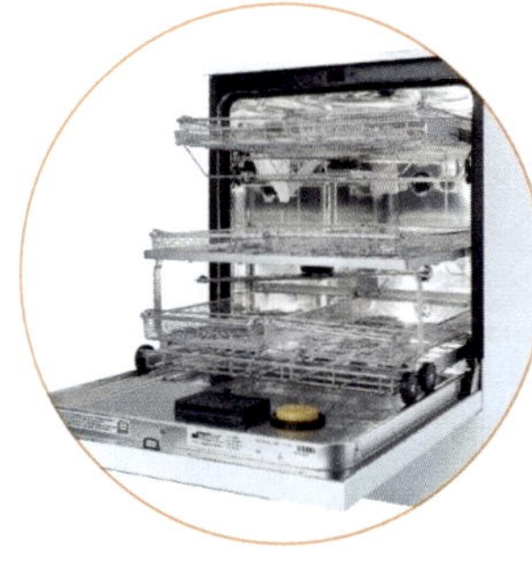

RDG

Reinigungs- und Desinfektionsgerät bzw. Thermodesinfektor

Lernfeld 3

BEHANDLUNGSASSISTENZ

AB 17 Flächendesinfektion, Verbandswechsel

1. Sie sollen in der Praxis die Arbeitsflächen im Labor desinfizieren. Kreuzen Sie an, wie Sie die Flächen desinfizieren.

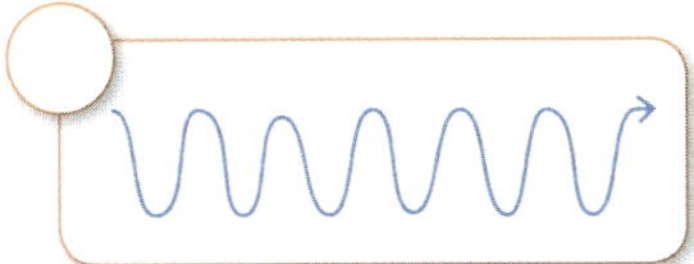

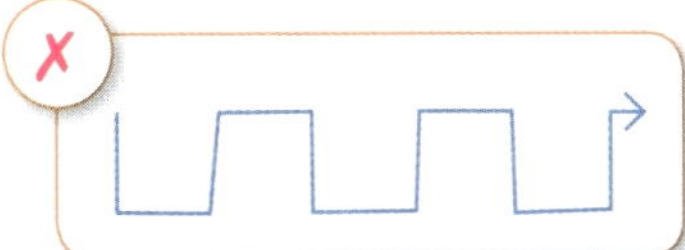

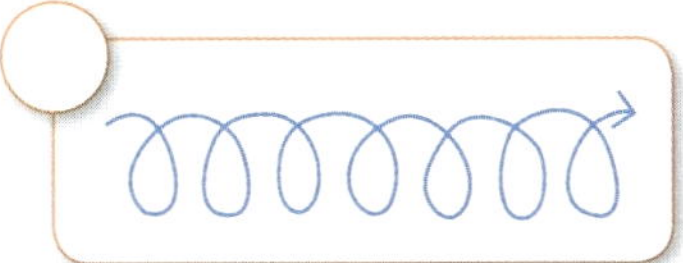

2. Nennen Sie den Terminus für die Technik, mit der Sie die Flächendesinfektion durchführen.

Mäanderförmige Wischtechnik

3. Nennen Sie drei Regeln, die Sie bei der Durchführung der Flächendesinfektion beachten müssen.

1. Man muss flüssigkeitsdichte Schutzkleidung tragen, z. B. Handschuhe (z. B. aus Nitril) und eventuell eine flüssigkeitsdichte Schürze.
2. Man muss die Flächendesinfektion als Wischdesinfektion durchführen.
3. Eine alleinige Sprühdesinfektion ist nicht zulässig, weil der Sprühnebel sich ungleichmäßig auf der Fläche verteilt und es dadurch Benetzungslücken gibt. Außerdem kommt es zu einer Geruchsbelästigung.

4. Nennen Sie Beispiele für Flächen, die in der Praxis (mehrmals) täglich oder nach jedem Patientenkontakt desinfiziert werden müssen.

- Tastaturen der PC
- Türklinken
- Arbeitsflächen, an denen mit Körpermaterialien gearbeitet wird, z. B. Laborarbeitsflächen
- Stethoskopmembranen

5. Sie sollen bei einem Patienten einen Verband (Zustand nach Fingernagelentfernung) wechseln. In welcher Reihenfolge müssen Sie korrekterweise vorgehen? Notieren Sie die Ziffern in der korrekten Reihenfolge. Die Ziffern können mehrfach verwendet werden.

1 Hände bei Bedarf waschen
2 Handschuhe ausziehen
3 Hände desinfizieren
4 Hände pflegen
5 Verbandswechsel durchführen
6 Handschuhe anziehen

Reihenfolge:

1	3	6	5	2	3	1	4

6. Warum erfolgt das Händewaschen nur bei Bedarf?

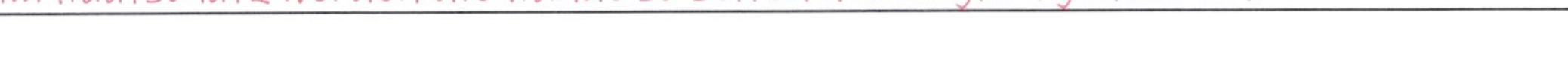

Zum Hautschutz werden die Hände so selten wie möglich gewaschen.

BEHANDLUNGSASSISTENZ

AB 18 Sterilisation, Abfallentsorgung

1. Beschreiben Sie den Unterschied zwischen der Desinfektion und der Sterilisation.

Bei der Desinfektion werden fast alle Krankheitserreger vernichtet, sodass eine Infektion unwahrscheinlich ist. Das Ergebnis ist eine Keimarmut.
Bei der Sterilisation werden alle Krankheitserreger und ihre Dauerformen (z. B. Bakteriensporen) vernichtet. Das Ergebnis ist eine Keimfreiheit.

2. Entscheiden Sie, ob die Aussagen zur Sterilisation mit dem Autoklaven richtig oder falsch sind. Kreisen Sie jeweils den richtigen Buchstaben ein. Bei richtiger Beantwortung ergibt sich ein Lösungswort.

		Richtig	Falsch
1	Für eine sichere Sterilisation müssen 134 Grad Celsius und 3 bar Druck erreicht sein.	(M)	S
2	Im Autoklaven können Kunststoffe nicht sterilisiert werden.	R	(E)
3	Zur Überprüfung des Sterilisationserfolges muss ein medizinischer Hohlkörper sterilisiert werden.	(E)	T
4	Instrumente müssen vor der Sterilisation nicht desinfiziert werden, weil der Autoklav mit Wasserdampf arbeitet.	E	(I)
5	MFA dürfen Sterilisationsvorgänge nur durchführen, wenn sie einen Sachkundelehrgang absolviert haben.	(K)	S
6	Die Sterilisationszeit bei 121 Grad Celsius und 2 bar Druck beträgt 5 Minuten.	I	(R)
7	Eingepackte Instrumente können auf einem perforierten Tablett übereinander gestapelt werden, um mehr Instrumente bei einem Sterilisiervorgang zu sterilisieren.	L	(I)
8	Für den Autoklaven muss man destilliertes Wasser/VE-Wasser verwenden.	(F)	E

Lösungswort:

5	3	4	1	8	6	2	7
K	E	I	M	F	R	E	I

3. Es müssen regelmäßig Sterilisationskontrollen durchgeführt werden. Sie erfolgen u. a. mit Indikatoren. Wie wird der abgebildete Indikator genannt?

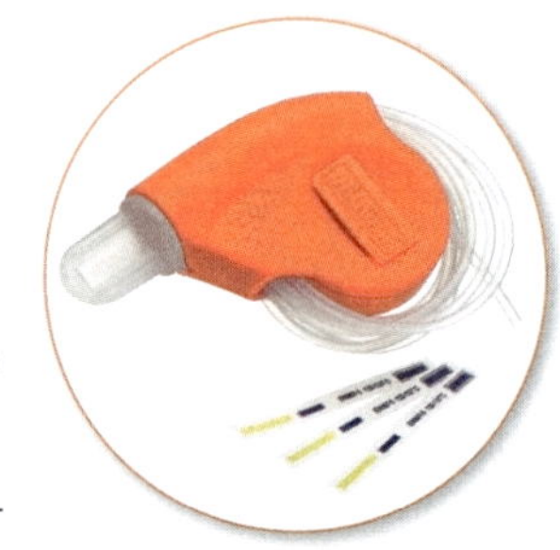

Helix-Test/Helix-Prüfkörper.

4. In der Arztpraxis fallen täglich Abfälle an. Kreuzen Sie an, wie diese korrekt entsorgt werden.

	Restmüll	Wertstoffsammlung	Schadstoffsammlung	Durchstichsicherer, bruchfester Behälter (dann Restmüll)	Verschließbarer, fester Behälter (dann Restmüll)
benutzte Kanülen				X	
Ärztezeitung		X			
abgenommener Gipsverband	X				
Röntgenchemikalien			X		
benutzte Tupfer					X

Lernfeld 3 BEHANDLUNGSASSISTENZ

AB 19 Hygienerisiken

1. Beurteilen Sie die folgende Situation. Markieren Sie die Zeilen, in denen Hygienerisiken auftreten. Formulieren Sie in der unten stehenden Tabelle, wie man korrekt vorgeht.

Die Arbeit in der Praxis ist für Frau Dr. Jessen und ihre Mitarbeiterinnen recht anstrengend, da täglich viele Patienten die Praxis aufsuchen. Die neue Auszubildende Nicole ist hauptsächlich mit Aufräum- und Desinfektionsarbeiten beschäftigt. Heute Morgen waren etliche Patienten zur Blutentnahme einbestellt. Nicole hat ihrer Kollegin bei den Blutentnahmen assistiert und räumt jetzt die restlichen Materialien weg. Da einige Bluttropfen auf der Arbeitsfläche zu sehen sind, wischt sie diese mit einem Alkoholtupfer weg.

Frau Dr. Jessen bittet Nicole, in den Punktionsraum zu kommen. Sie soll heute das erste Mal bei einer Gelenkpunktion assistieren.

Sie wäscht sich schnell die Hände, trocknet sie ab und eilt in den Punktionsraum. Dann reicht sie der Ärztin die benötigten, z.T. sterilen Materialien an. Nach der Punktion beseitigt sie die angefallenen Abfälle: Die extra lange Kanüle kommt in den Müllbeutel, nachdem sie die Schutzhülle wieder aufgesteckt hat. Die Spritze wirft sie in den Abfalleimer im Punktionsraum. Weil sie etwas Blut an die Hände bekommen hat, wäscht sie sich gründlich ihre Hände und benutzt dann ein Händedesinfektionsmittel.

In der folgenden Stunde ist sie mit Verwaltungsarbeiten beschäftigt.

Die Kollegin, die der Ärztin bei kleineren chirurgischen Eingriffen assistiert hat, drückt Nicole nach einer Abszesseröffnung die benutzten Instrumente in die Hand und fordert sie auf, diese zu reinigen. Also wäscht sie auch diese Instrumente unter fließendem kalten Wasser ab und legt sie in das Desinfektionsbad. Da Nicole die Konzentration des Desinfektionsbades zu gering erscheint, gießt sie noch etwas Konzentrat nach.

Alle Instrumente sollen noch vor der Mittagspause sterilisiert werden. Hierfür spült Nicole die Instrumente und Geräte ab und verpackt sie. Da im Wasserbehälter des Autoklavs zu wenig Wasser vorhanden ist, lässt sie noch ein wenig destilliertes Wasser nachlaufen. Dann schiebt sie die ganzen Materialien in den Autoklaven, den sie auf 121 °C, 1 bar und 10 Minuten Sterilisationszeit einstellt.

Danach gönnt sie sich ihre wohlverdiente Mittagspause.

Zeilen	So geht man korrekt vor
5/6	Die Blutstropfen werden mit einem Flächendesinfektionsmittel weggewischt.
9	Sie muss sich die Hände desinfizieren und Handschuhe anziehen.
11/12	Die Schutzhülle darf nicht wieder aufgesteckt werden, die Kanüle muss in einem bruch- und stichfesten Behälter entsorgt werden.
12/13	Sie muss sich die Hände zuerst desinfizieren und nur bei Bedarf waschen.
15/16	Die Kollegin sollte die benutzten Instrumente in einer Schale ablegen. Nicole muss bei der Entgegennahme der Schale Handschuhe tragen.
17	Die Instrumente werden evtl. grob vorgereinigt (z. B. durch Abwischen mit Zellstoff) und dann in das Desinfektionsbad gelegt.
18	Die Konzentration des Desinfektionsbades darf im Nachhinein nicht verändert werden, es muss so angesetzt werden, wie der Hersteller es vorgibt.
22	Der Autoklav wird auf 134 °C, 3 bar und 5 Minuten Sterilisationszeit eingestellt. Dies ist das Standardverfahren nach KRINKO.

AB 20 Fachworttrainer Praxishygiene

1. Ordnen Sie den Begriffen die Übersetzung bzw. die Erklärung zu, indem Sie die jeweilige Ziffer einsetzen.

1 AIDS
2 Antigen
3 Antikörper
4 Bakterien
5 bakterizid
6 Dermatophyten
7 diaplazentare Infektion
8 Ektomykosen
9 Endomykosen
10 Fungizid
11 Ikterus
12 Immunglobuline
13 Immunisierung
14 Infektion
15 Inkubationszeit
16 Kontaktinfektion
17 Kontamination
18 Krätze
19 Mykosen
20 Parasiten
21 Prävention
22 Prionen
23 Prodromalstadium
24 Protozoen
25 Rekonvaleszenz
26 Schmierinfektion
27 Simultanimpfung
28 Skleren
29 Sporen
30 Sprossung
31 Sputum
32 Sterilisation
33 Symptomphase
34 Tetanus
35 Tröpfcheninfektion
36 Viren
37 viruzid

- 1 erworbene Immunschwäche
- 35 Übertragung von Krankheitserregern durch Anhusten, Anniesen
- 31 Auswurf
- 2 fremde Substanz, Krankheitserreger
- 5 bakterienabtötend
- 30 Vermehrungsart bei Pilzen
- 26 Übertragung von Krankheitserregern durch kontaminierte Gegenstände
- 18 Hautkrankheit, ausgelöst durch Milben
- 14 Ansteckung
- 25 Genesungsphase
- 28 Augenweiß
- 19 Pilzerkrankungen
- 32 Verfahren zur Keimfreimachung
- 24 tierische Einzeller
- 13 Impfung
- 37 Viren vernichtend
- 20 Schmarotzer
- 17 Besiedelung mit Keimen, Verschmutzung
- 21 Vorsorge, Vorbeugung
- 10 pilzabtötend
- 8 Pilzerkrankungen, z. B. der Haut
- 23 Vorläuferstadium
- 6 Hautpilze
- 34 Wundstarrkrampf
- 22 infektiöse Eiweiße
- 11 Gelbfärbung von Haut und Schleimhäuten
- 36 Krankheitserreger, die keine Lebewesen sind
- 4 Gruppe von Krankheitserregern
- 12 Eiweißstoffe, die z. B. bei Impfungen eingesetzt werden

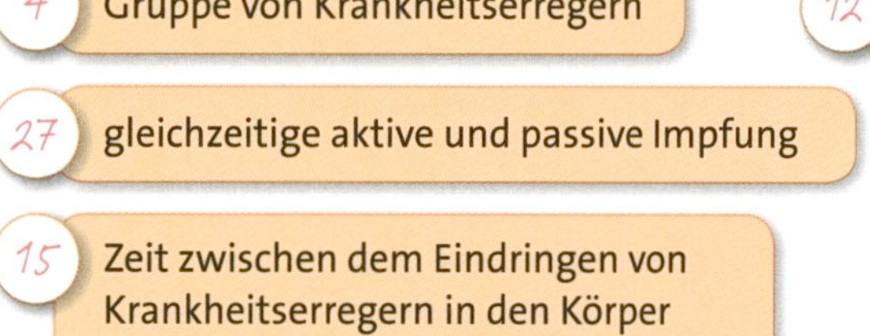

- 27 gleichzeitige aktive und passive Impfung
- 15 Zeit zwischen dem Eindringen von Krankheitserregern in den Körper und dem Auftreten erster Symptome

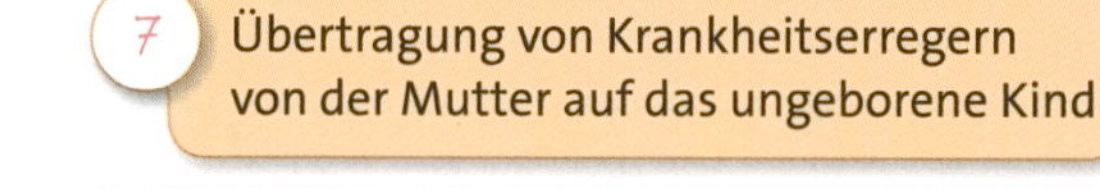

- 7 Übertragung von Krankheitserregern von der Mutter auf das ungeborene Kind
- 9 Pilzerkrankungen von Schleimhaut und Organen

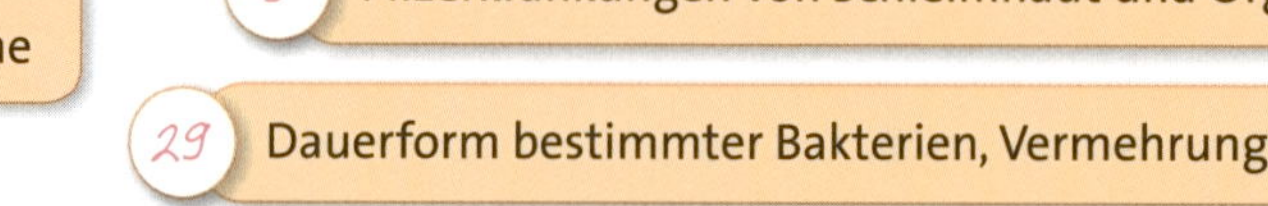

- 29 Dauerform bestimmter Bakterien, Vermehrungsart bei Pilzen
- 3 Eiweißstoff, der zur Abwehr von Krankheitserregern fähig ist

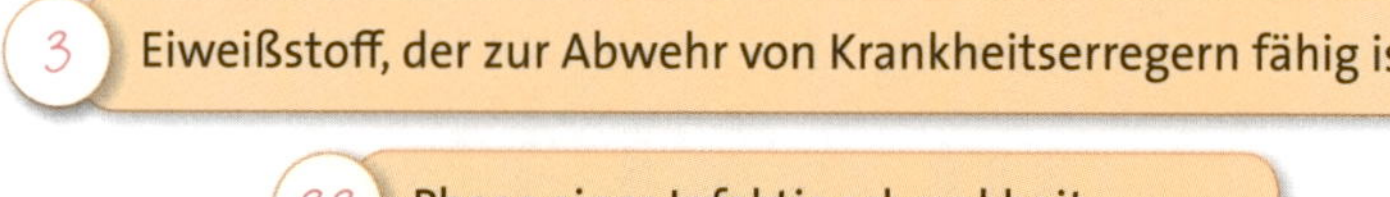

- 33 Phase einer Infektionskrankheit, in der spezifische Symptome auftreten
- 16 Übertragung von Krankheiten durch direkten Kontakt, z. B. von Mensch zu Mensch

AB 1 Eigenschaften, Aufbau und Aufgaben von Zellen

1. Nennen Sie die fünf typischen Eigenschaften, die Zellen zu einem Lebewesen machen.

Sie haben einen Stoffwechsel.

Sie können sich bewegen.

Sie können Reize aufnehmen und verarbeiten.

Sie können wachsen.

Sie können sich teilen und somit fortpflanzen.

2. Beschriften Sie die Abbildung der Zelle und geben Sie an, welche Aufgabe die Zellorganellen haben.

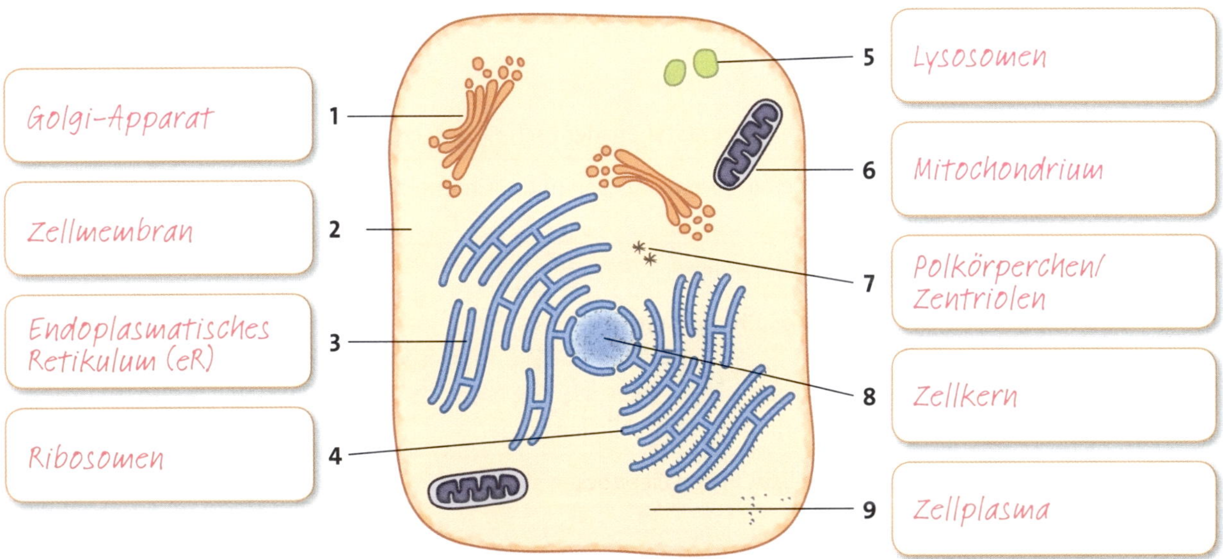

Nr.	Aufgabe
1	Der Golgi-Apparat speichert Stoffe, die die Zelle produziert hat und schleust sie aus der Zelle heraus.
2	Die Zellmembran schützt die Zelle vor der Umgebung. Sie ermöglicht aber auch den Austausch von Stoffen mit der Umgebung der Zelle.
3	Das eR sorgt für den Transport von Stoffen in der Zelle.
4	Die Ribosomen bauen aus Aminosäuren körpereigenes Eiweiß auf.
5	Die Lysosomen spalten aufgenommene Nährstoffe und lösen sie auf.
6	Das Mitochondrium verarbeitet aufgenommene Nährstoffe. Dabei entsteht Energie.
7	Die Polkörperchen sorgen dafür, dass bei einer Zellteilung die Chromosomen aus dem Zellkern gleichmäßig auf die Tochterzellen aufgeteilt werden.
8	Im Zellkern befinden sich die Erbanlagen (Chromosomen) der Zelle. Der Zellkern steuert alle Vorgänge in der Zelle.
9	Das Zellplasma umfließt alle Zellorganellen und schützt sie.

AB 2 Viren, Meiose und Mitose

1. Erklären Sie, warum Viren keine Lebewesen sind.

Viren besitzen nicht die Eigenschaften von Lebewesen, d. h.:

- *Sie haben keinen Stoffwechsel.*
- *Sie können sich nicht selbstständig bewegen.*
- *Sie nehmen keine Reize auf und verarbeiten diese.*
- *Sie wachsen nicht.*
- *Sie können sich nicht ohne Wirtszelle teilen.*

2. Kreuzen Sie an, welche Aussagen auf die Meiose und welche auf die Mitose zutreffen.

		Trifft zu auf die Meiose	Trifft zu auf die Mitose
1	Bei dieser Form der Zellteilung entstehen identische Tochterzellen.		X
2	Bei dieser Form der Zellteilung werden Zellen mit 23 Chromosomen gebildet.	X	
3	Ein anderer Begriff ist Reifeteilung.	X	
4	Es entstehen Zellen mit 46 Chromosomen.		X
5	Sie dient der Bildung von Keimzellen.	X	
6	Sie dient der Zellvermehrung im menschlichen Körper.		X
7	Sie findet in den Hoden bzw. in den Eierstöcken statt.	X	

3. Ordnen Sie den Phasen der Mitose die entsprechenden Aussagen zu, indem Sie die Ziffern einsetzen.

1. Nun sind zwei identische Tochterzellen entstanden.
2. Das Erbgut liegt in verdoppelter Form vor.
3. Diese Phase heißt Prophase.
4. Diese Phase heißt Anaphase.
5. Die Chromosomen werden auseinandergezogen.
6. Die Umhüllung des Kerns löst sich auf.
7. Die Chromosomen ordnen sich in der Mitte der Zelle an.
8. Diese Phase heißt Metaphase.
9. Die Chromosomen haben sich der Länge nach gespalten.
10. Diese Phase heißt Telophase.

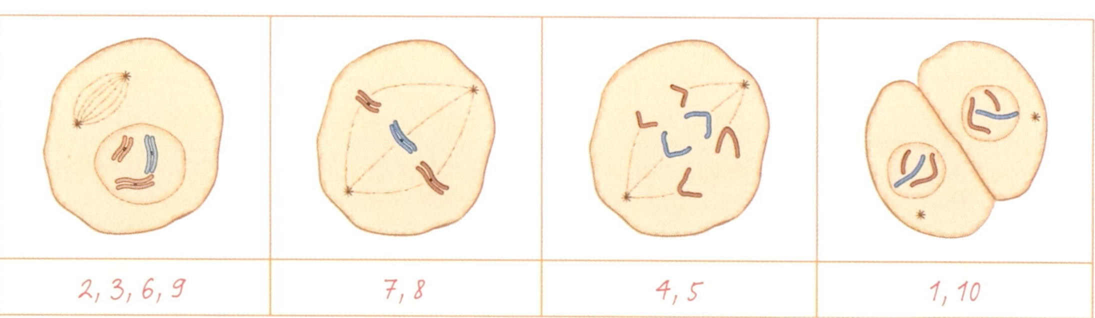

2, 3, 6, 9	*7, 8*	*4, 5*	*1, 10*

Lernfeld 4

BEHANDLUNGSASSISTENZ

AB 3 Gewebearten

1. Vervollständigen Sie die Tabelle zu den Gewebearten.

Gewebeart	Bezeichnung	Aufgaben	Vorkommen
	Epithel-gewebe	Es bedeckt und schützt innere und äußere Oberflächen.	Haut, Schleimhäute
	Knochen-gewebe	Es stützt unseren Körper.	Knochen
	Knorpel-gewebe	Es schützt vor zu großem Druck und ist elastisch.	Überzug von Gelenkflächen, Menisken, Bandscheiben, Schambeinfuge
	Fett-gewebe	Es dient als Brennstoffreserve, als Polsterung und als Wärmeschutz.	am Gesäß, an den Hüften, am Bauch
	Binde-gewebe	Es füllt die Zwischenräume zwischen Organen aus, verbindet Organe und ist das Haltegerüst für Blutgefäße und Nerven.	Bindegewebe, Blut
	Muskel-gewebe	Es kontrahiert als Folge von elektrischen Reizen.	Skelettmuskulatur, Herzmuskulatur, Eingeweidemuskulatur
	Nerven-gewebe	Es nimmt Reize aus der Umwelt auf, verarbeitet sie, speichert sie und leitet sie weiter zum Gehirn.	Nervensystem

AB 4 Muskelgewebe und Epithelgewebe

1. Ordnen Sie die Aussagen in den Kästchen den drei Muskelgewebearten zu. Verbinden Sie die Aussagen mit der passenden Muskelgewebeart mit Linien.

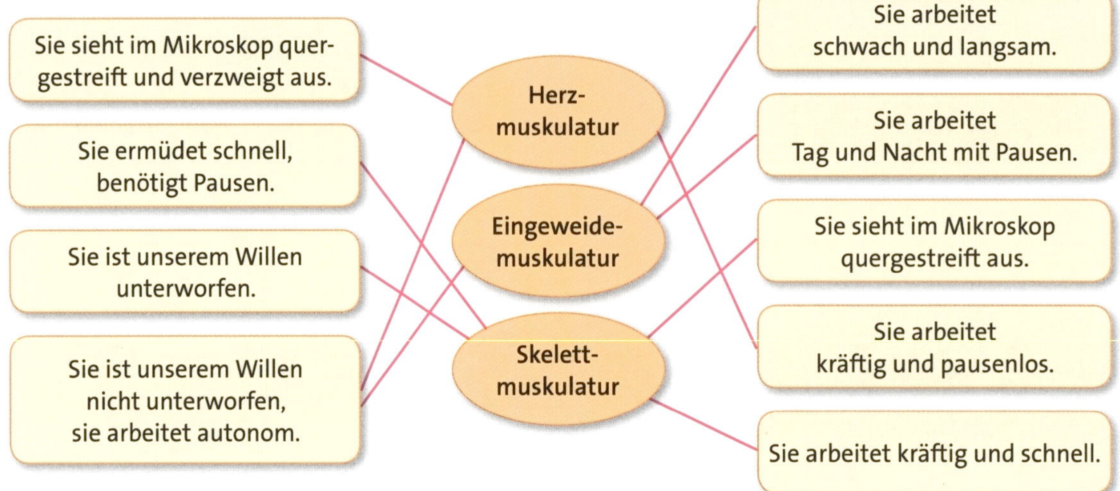

2. Lösen Sie das Silbenrätsel zu den Epithelgewebearten.

ber	bi	der	e	e	e	e	e	e	e	gangs	ges	hi	horn	horn	ku	lin	mehr
pi	pi	pi	pi	pi	pi	pi		plat	plat	plat	rei	sches
ten	ten	ten	tes	tes	thel	thel	thel	thel	thel	thel	thel	ü	un	ver	ver	zy

Nr.	Abbildung	Epithelgewebeart
1		*Plattenepithel* Es ist die dünnste und empfindlichste Schicht und bildet z. B. die Herzinnenhaut.
2		*Übergangsepithel* Es ist sehr dehnbar und kann sich verschiedenen Füllungszuständen anpassen.
3		*Zylinderepithel* An seiner Zelloberfläche findet man oft Mikrovilli.
4		*unverhorntes Plattenepithel* Es ist sehr strapazierfähig und bildet z. B. die Schleimhäute von Augen, Nase und Mund. (zwei Wörter)
5		*kubisches Epithel* Es hat eine sehr dünne und durchlässige Schutzschicht und man findet es in den Nierenkanälchen. (zwei Wörter)
6		*verhorntes Plattenepithel* Es ist die strapazierfähigste Schutzschicht unseres Körpers, deren äußerste Schicht abgestorben ist. (zwei Wörter)
7		*mehrreihiges Epithel* Man findet an der Oberfläche häufig Flimmerhärchen, die Schleim abtransportieren können. (zwei Wörter)

AB 5 Störungen von Zellen und Geweben, Krankheitsursachen

1. Wie heißt der Fachausdruck für die Lehre von den Krankheiten?

Pathologie

2. Geben Sie an, wie die Störungen heißen, die im Folgenden beschrieben sind.

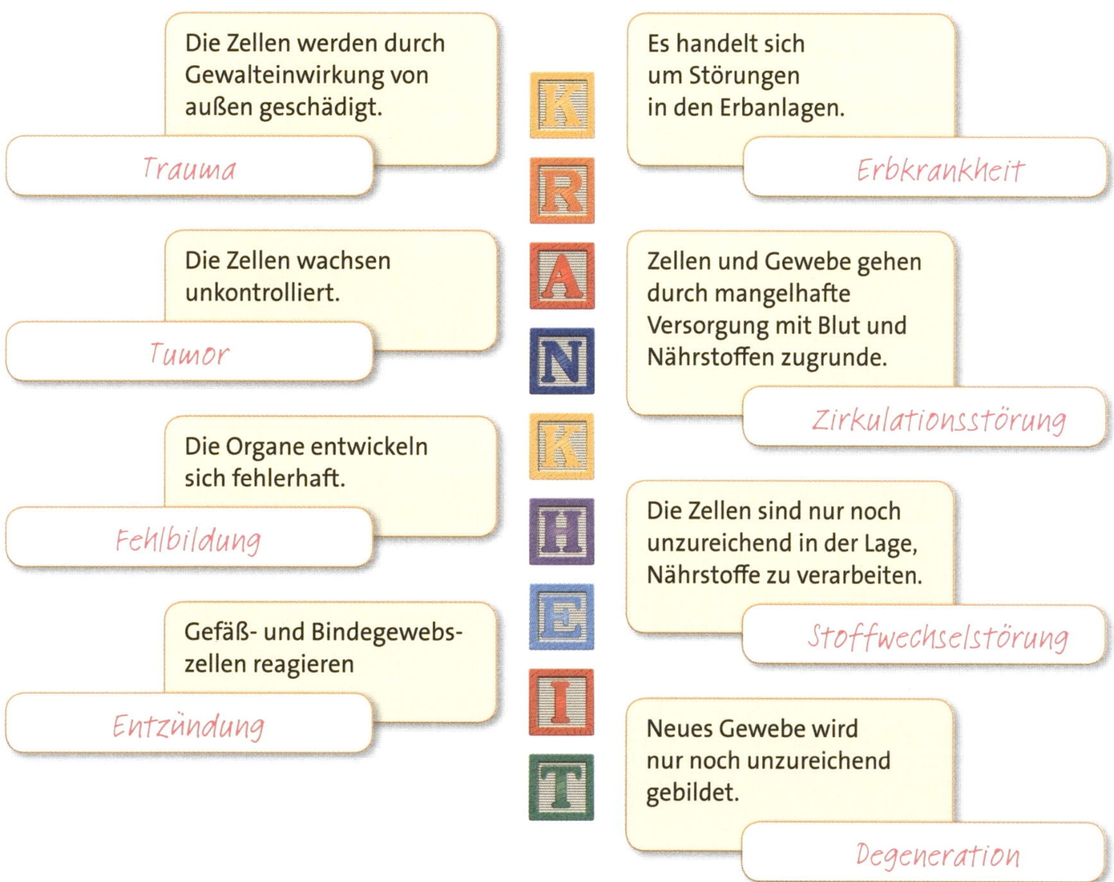

3. Krankheiten haben verschiedene Ursachen. Ordnen Sie die genannten Ursachen den inneren bzw. den äußeren Krankheitsursachen zu, indem Sie Linien ziehen.

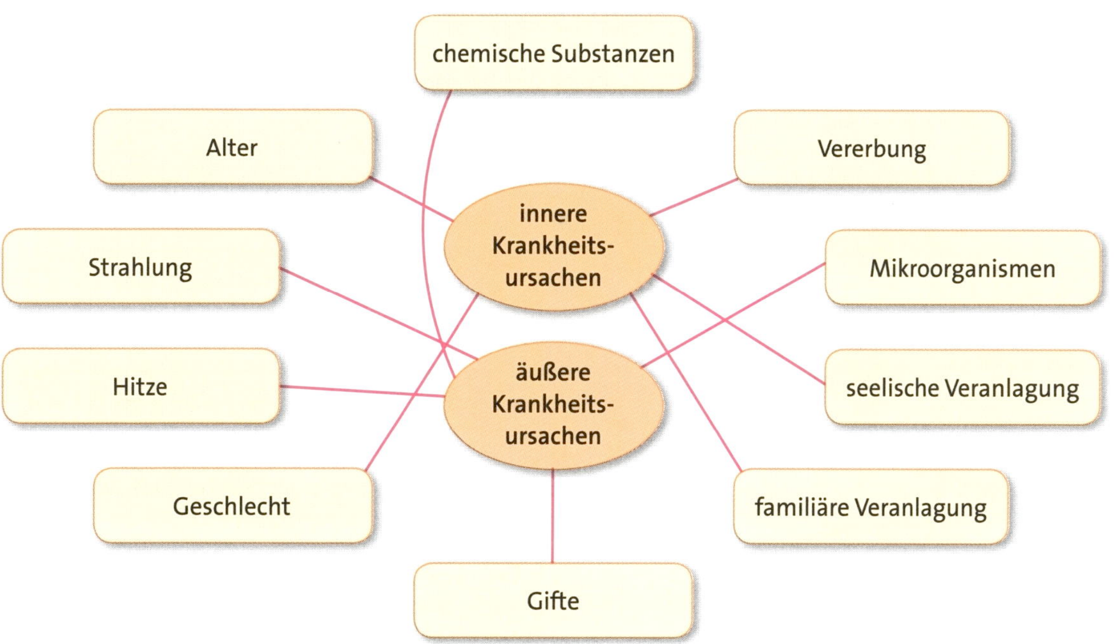

AB 6 Akute und chronische Erkrankungen, Entzündungen

1. Krankheiten können in akute und chronische Krankheiten unterteilt werden.
Ordnen Sie die Merkmale zu, indem Sie die Ziffern 1 oder 2 eintragen.

1 – akute Krankheit | 2 – chronische Krankheit

	Merkmale	Ziffer
1	Ein Beispiel ist Diabetes mellitus.	2
2	Ein Beispiel ist ein grippaler Infekt.	1
3	Eine Ausheilung ist unwahrscheinlich.	2
4	Eine Ausheilung ist wahrscheinlich.	1
5	Ihr Verlauf ist oft heftig.	1
6	Sie beginnt plötzlich.	1
7	Sie beginnt schleichend.	2
8	Sie verläuft oft in Schüben.	2

2. Erklären Sie, was eine Entzündung ist.

Es ist eine Abwehrreaktion des Körpers auf schädigende Reize.

3. Nennen Sie mögliche Auslöser, die im Körper Entzündungen verursachen können.

- Mikroorganismen wie z. B. Bakterien
- Parasiten wie z. B. Milben
- physikalische Reize wie z. B. Hitze, Kälte, Strahlung
- chemische Substanzen wie z. B. Säuren, Laugen, Gifte
- absterbende Zellen im Körper
- Stoffwechselprodukte wie z. B. Harnsäure
- Allergene

4. Ordnen Sie die Symptome einer lokalen Entzündung den Erklärungen zu.
Setzen Sie die Ziffern entsprechend ein.

AB 7 Entzündungen, Zellveränderungen

1. Ergänzen Sie die Tabelle zu den Arten der eitrigen Entzündungen.

Bezeichnung	Vorkommen	Beispiel	Abbildung
Abszess	Diese Art der Entzündung findet man im Gewebe.	Spritzenabszess	
Empyem	Diese Art der Entzündung kommt in natürlichen Körperhöhlen vor.	Gelenkerguss	
Phlegmone	Diese Art der Entzündung ist flächig ausgebreitet.	Phlegmone der Zehen	

2. Nennen Sie allgemeine Symptome, die bei einer großflächigen Entzündung zusätzlich zu den Symptomen einer lokalen Entzündung auftreten können.

Abgeschlagenheit, allgemeines Krankheitsgefühl, Fieber

3. Welche Laborbefunde deuten auf eine Entzündung hin?

- Leukozytose
- erhöhte BSG (Blutkörperchensenkungsgeschwindigkeit)
- Anstieg des CrP

4. Lösen Sie das Rätsel zu den Fachbegriffen der Zellveränderungen.

1 A t r o p h i e
Die Anzahl der Zellen und ihre Größe verringern sich.

2 N e k r o s e
Die Zellen sterben ab.

3 H y p e r p l a s i e
Die Zahl der Zellen nimmt zu.

4 D e g e n e r a t i o n
Die Zellen verlieren ihre Fähigkeit zur Anpassung. Es handelt sich um eine Verschleißerscheinung.

5 D y s p l a s i e
Es handelt sich um eine Fehlbildung

6 H y p e r t r o p h i e
Die Größe der Zellen nimmt zu.

7 R e g e n e r a t i o n
Hierbei wird verloren gegangenes Gewebe durch neu gebildetes Gewebe ersetzt.

8 U l k u s
Die Zellen gehen zugrunde aufgrund von Entzündungen oder mangelnder Versorgung mit Nährstoffen oder Sauerstoff.

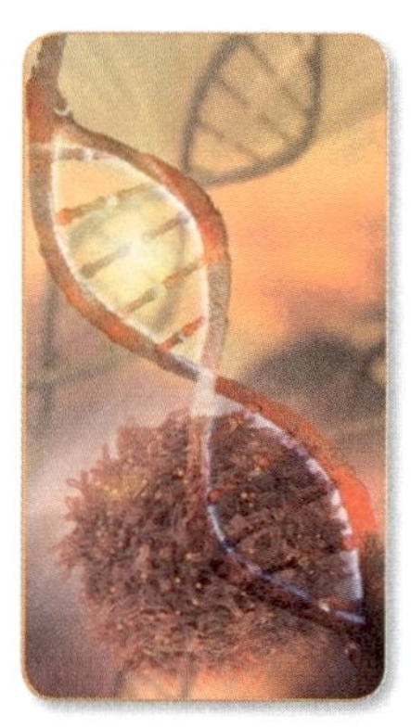

AB 8 Tumore, Zirkulationsstörungen

1. Kreuzen Sie an, ob die folgenden Aussagen auf gutartige oder bösartige Tumore zutreffen. Bei richtiger Beantwortung ergibt sich ein Lösungswort.

		Tumor gutartig	Tumor bösartig
1	Der Tumor ist oft verkapselt.	(G)	O
2	Der Tumor verdrängt das Nachbargewebe.	(E)	P
3	Der Tumor wächst in das Nachbargewebe hinein (infiltrierend).	E	(S)
4	Die Abgrenzung zum Nachbargewebe ist unscharf.	R	(C)
5	Die Zellen unterscheiden sich im Aussehen wenig von denen des Muttergewebes.	(H)	A
6	Die Zellen unterschieden sich im Aussehen stark von denen des Muttergewebes.	T	(W)
7	Diese Tumorart wächst normalerweise schnell.	I	(U)
8	Eine Heilung ist nicht sicher.	O	(L)
9	Meist ist eine Heilung möglich.	(S)	X
10	Diese Tumorart bildet Metastasen.	Z	(T)

Lösungswort:

1	2	3	4	5	6	7	8	9	10
G	E	S	C	H	W	U	L	S	T

2. Ordnen Sie dem Ausgangsgewebe die Fachbegriffe für die jeweiligen Tumore zu. Verbinden Sie durch Linien.

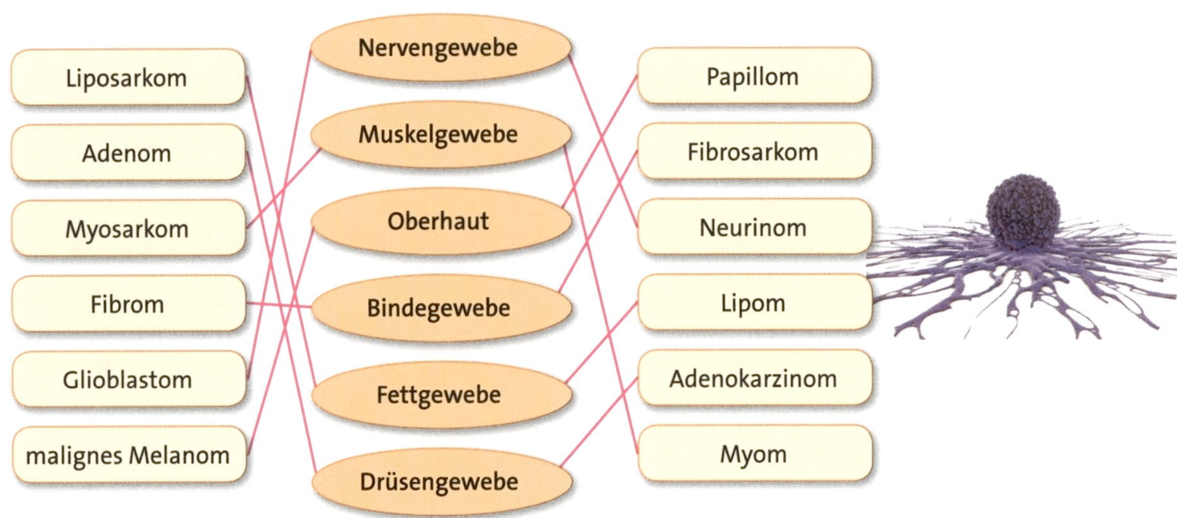

3. Definieren Sie die folgenden Beispiele für Zirkulationsstörungen im Körper.

	Zirkulationsstörung	Definition
1	Embolie	Verschluss eines Gefäßes durch ein Blutgerinnsel, das mit dem Blutstrom treibt
2	Hämorrhagie	Austritt von Blut aus den Gefäßen in andere Gewebe oder Körperhöhlen
3	Infarkt	Absterben von Gewebe oder Organteilen aufgrund von verstopften Gefäßen
4	Ödem	Flüssigkeitsansammlung im Gewebe
5	Thrombose	Verschluss eines Gefäßes durch ein Blutgerinnsel

AB 9 Fachworttrainer Zellen und Gewebe I

1. Ordnen Sie die Begriffe den deutschen Bedeutungen zu, indem Sie die Ziffern einsetzen.

	Fachbegriff
1	Abszess
2	Adenokarzinom
3	akut
4	Allergene
5	Anaphase
6	Atrophie
7	Chromosomen
8	chronisch
9	Degeneration
10	Dysplasie
11	Embolie
12	Empyem
13	endoplasmatisches Retikulum
14	Epithel
15	Fibrom
16	Fibrosarkom
17	Glioblastom
18	Golgi-Apparat
19	Hämorrhagie
20	Hyperplasie
21	Hypertrophie
22	Infarkt
23	Lipom
24	Liposarkom

Deutsche Bedeutung	Ziffer
sich langsam entwickelnd und dauerhaft	8
gutartige Geschwulst des Bindegewebes	15
bösartige Geschwulst des Fettgewebes	24
Zellbestandteil, der Stoffe speichert und aus der Zelle ausschleusen kann	18
Substanzen, die Allergien auslösen können	4
Fehlbildung	10
Untergang/Absterben von Gewebe aufgrund mangelnder Sauerstoffversorgung	22
Abnahme der Zellanzahl und der Zellgröße	6
bösartige Geschwulst des Bindegewebes	16
Zunahme der Zellzahl	20
bösartige Geschwulst des Nervengewebes	17
Verlust der Fähigkeit zur Anpassung und Heilung, Verschleiß	9
Eiteransammlung in einer nicht vorgebildeten Körperhöhle	1
Eiteransammlung in einer natürlichen Körperhöhle	12
oberste Zellschicht von Haut oder Schleimhaut	14
plötzlich auftretend	3
Erbanlagen	7
Zunahme der Zellgröße	21
gutartige Fettgeschwulst	23
Phase der Mitose, bei der die Chromosomen auseinandergezogen werden	5
Blutungsneigung	19
ein Blutpfropf bleibt in einem Gefäß stecken	11
Zellbestandteil für den Transport von Stoffen innerhalb der Zelle	13
Krebserkrankung des Drüsengewebes	2

AB 10 Fachworttrainer Zellen und Gewebe II

1. Ordnen Sie die Begriffe den deutschen Bedeutungen zu, indem Sie die Ziffern einsetzen.

	Fachbegriff
1	Lysosomen
2	maligne
3	Meiose
4	Melanom
5	Metaphase
6	Metastasen
7	Mikroorganismen
8	Mitochondrium
9	Mitose
10	Myom
11	Myosarkom
12	Nekrose
13	Neurinom
14	Ödem
15	Papillom
16	Phlegmone
17	Prophase
18	Regeneration
19	Ribosomen
20	Telophase
21	Thrombose
22	Trauma
23	Tumor
24	Ulkus
25	Zentriolen

Deutsche Bedeutung	Ziffer
Phase der Zellteilung, bei der sich die Chromosomen in der Mitte der Zelle anordnen	5
Wasseransammlung im Gewebe	14
Phase der Zellteilung, bei der zwei gleiche Tochterzellen entstehen.	20
Zellbestandteil, der Energie aus Nährstoffen erzeugt	8
bösartige Geschwulst des Muskelgewebes	11
Zellen sterben ab	12
bösartige Geschwulst der Haut/der Schleimhäute	4
Geschwulst	23
Reifeteilung	3
gutartige Muskelgeschwulst	10
flächenhafte eitrige Entzündung	16
erste Phase der Mitose	17
kleinste Lebewesen	7
Zellbestandteile, die für die Bildung von körpereigenem Eiweiß zuständig sind	19
gutartige Geschwulst des Nervengewebes	13
Zellbestandteil, der Nährstoffe aufspaltet und auflöst	1
Schädigung von Zellen durch äußere Einwirkung	22
gutartige Geschwulst der Oberhaut	15
Tochtergeschwülste	6
Sie sorgen dafür, dass sich die Chromosomen während der Zellteilung gleichmäßig auf die Tochterzellen verteilen.	25
Vorgang, bei dem verloren gegangenes Gewebe durch neues Gewebe ersetzt wird	18
Zellteilung, bei der zwei gleiche Tochterzellen entstehen	9
Geschwür	24
bösartig	2
Verschluss eines Gefäßes durch ein Blutgerinnsel, z. B. in den Beinen	21

AB 11 Skelett, Orientierungsbezeichnungen, Richtungsbezeichnungen

1. Notieren Sie fünf Aufgaben des Skeletts.

- Es stabilisiert die Körperform und den aufrechten Gang.
- Es sorgt für die Beweglichkeit der Körperteile gegeneinander.
- Es schützt Gehirn, die Sinnesorgane, die inneren Organe und die großen Blutgefäße.
- Es sorgt für die Bildung von Blutkörperchen im roten Knochenmark.
- Es speichert Kalzium in den Knochen.

2. Worauf muss man achten, wenn man Orientierungsbezeichnungen und Richtungsbezeichnungen benutzt?

Die Orientierungsbezeichnungen beziehen sich immer auf den stehenden Menschen. Bei den Richtungsbezeichnungen muss man daran denken, dass man immer vom Patienten ausgeht, der vor einem steht, sitzt oder liegt, d. h. der rechte Arm des Patienten ist für den Betrachter auf der linken Seite.

3. Geben Sie für die folgenden Richtungsbezeichnungen den jeweiligen Fachausdruck an.

Richtungsbezeichnung	Fachausdruck	Richtungsbezeichnung	Fachausdruck
bauchwärts	ventral	seitwärts	lateral
hinten	posterior	steißwärts	caudal
kopfwärts	cranial	vorn	anterior
rückenwärts	dorsal	zur Elle hin	ulnar
rumpffern, von der Körpermitte weg	distal	zur Körpermitte hin	medial
rumpfnah, zur Körpermitte hin	proximal	zur Speiche hin	radial

4. Schreiben Sie die Fachausdrücke unter die jeweilige Abbildung der Bewegungsrichtungen der Hüfte.

| Abduktion | Adduktion | Außenrotation | Extension | Flexion | Innenrotation |

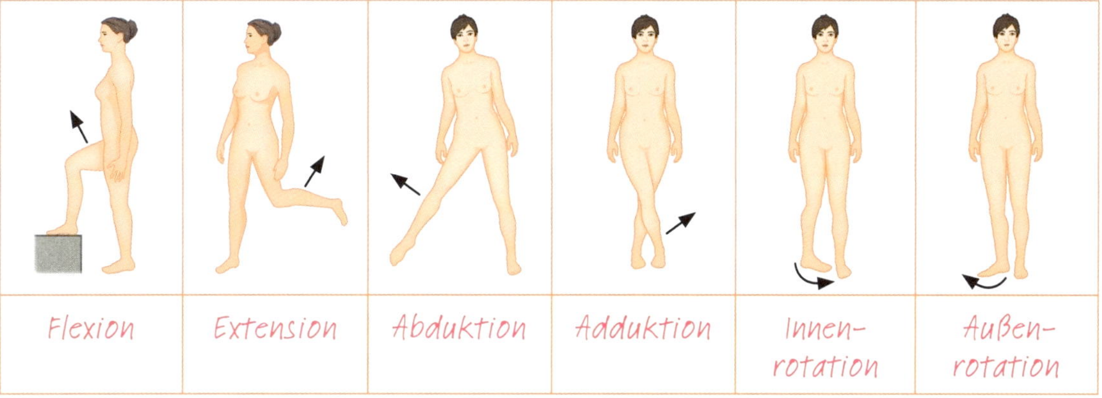

Flexion	Extension	Abduktion	Adduktion	Innenrotation	Außenrotation

AB 12 Röhrenknochen, Knochenformen

1. Nennen Sie für die Bestandteile des Röhrenknochens die jeweilige Aufgabe.

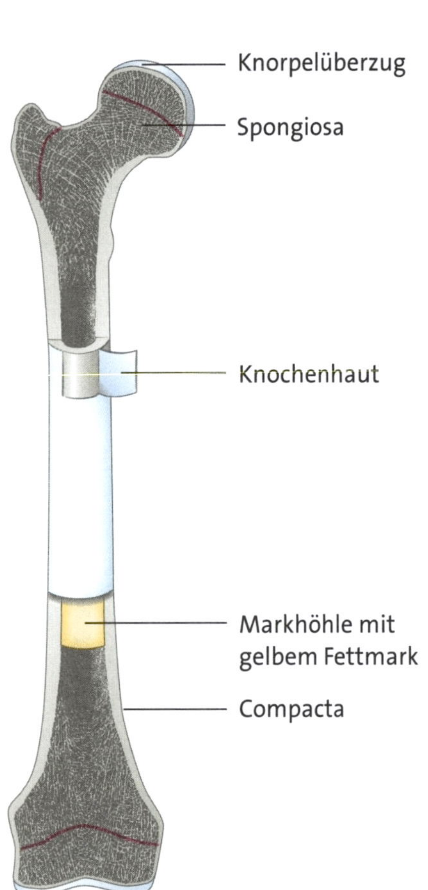

Bestandteil	Aufgabe
Knochenhaut	Sie versorgt den Knochen mit Nährstoffen.
Spongiosa	Sie ist zuständig für die Bildung von Blutkörperchen.
Knochenhaut	Sie dient dem Dickenwachstum des Knochens.
Knorpelüberzug	Er sorgt dafür, dass Knochen ohne Reibung aneinander vorbeigleiten können.
Compacta	Sie bildet den äußeren Teil des Knochens. Sie ist sehr fest.

2. Die Epiphysenfuge ist für das Längenwachstum zuständig. Zeichnen Sie die Epiphysenfugen in die Abbildung des Knochens ein.

3. Es gibt unterschiedliche Knochenformen. Ordnen Sie die Beispiele den Knochenformen zu, indem Sie sie durch Striche verbinden.

AB 13 Schädel

1. Welche Aufgaben hat der Schädel?

Er schützt das Gehirn und die Sinnesorgane (Augen, Ohren, Nase).

2. Beschriften Sie die Abbildung des Schädels.

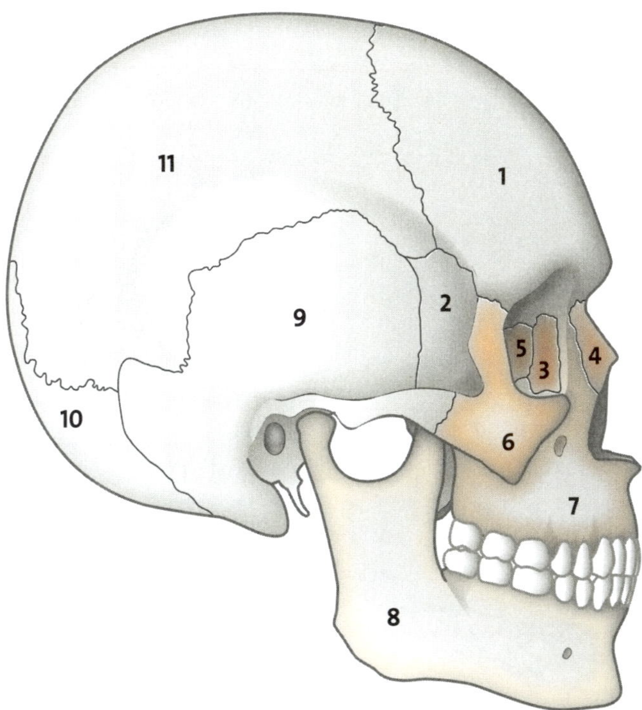

Nr.	Bezeichnung
1	Stirnbein
2	Keilbein
3	Tränenbein
4	Nasenbein
5	Siebbein
6	Jochbein

Nr.	Bezeichnung
7	Oberkieferknochen
8	Unterkieferknochen
9	Schläfenbein
10	Hinterhauptbein
11	Scheitelbein

3. Welche Knochen bilden den Hirnschädel, welche den Gesichtsschädel? Tragen Sie die Ziffern aus der Abbildung ein.

Zum Hirnschädel gehören	Zum Gesichtsschädel gehören
1, 2, 5, 9, 10, 11	3, 4, 6, 7, 8

4. Welche Knochen des Schädels bilden die Schädelbasis?

Stirnbein, Siebbein, Keilbein, Hinterhauptbein, Schläfenbein.

AB 14 Schädel und Brustkorb

1. Die Muskulatur des Schädels wird in die mimische Muskulatur und die Kaumuskulatur unterteilt. Kreuzen Sie an, welche der genannten Muskeln zur mimischen Muskulatur und welche zur Kaumuskulatur gehören.

Muskel	mimische Muskulatur	Kaumuskulatur
Augenmuskel	X	
Jochbeinmuskel	X	
Kaumuskel		X
Kinnmuskel	X	
Lachmuskel	X	
Schläfenmuskel		X
Stirnmuskel	X	

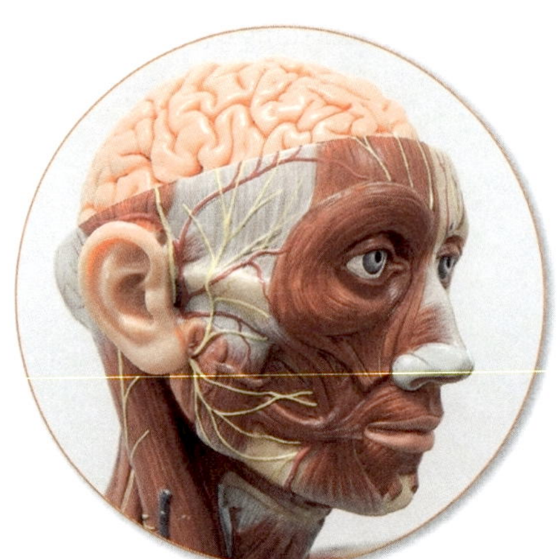

2. Ergänzen Sie die Lücken im Text zum Bau des knöchernen Brustkorbs.

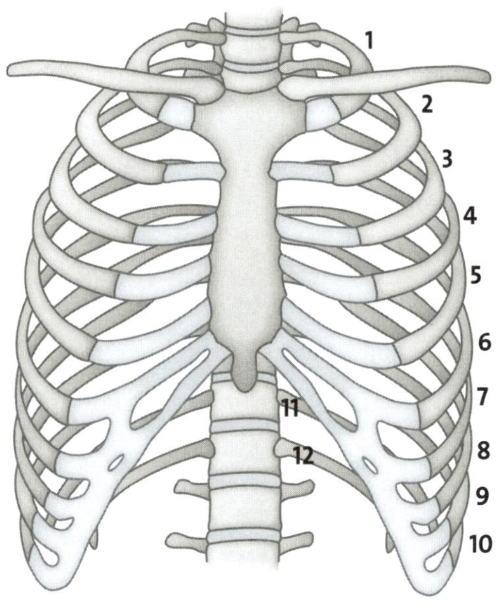

Der knöcherne Brustkorb (Fachausdruck: Thorax) besteht aus der Brustwirbelsäule, den Rippenpaaren (Fachausdruck: costae, Einzahl: costa) und dem Brustbein (Fachausdruck: Sternum). Die oberen sieben Rippenpaare sind direkt über Knorpel mit dem Brustbein verbunden, die Rippenpaare 8, 9 und 10 setzen indirekt über den Knorpel des 7. Rippenpaares am Brustbein an, die Rippenpaare 11 und 12 sind sehr kurz und haben keinen Kontakt zum Brustbein.

3. Nennen Sie die Organe, die durch den Thorax geschützt werden.

Herz, Lunge, Speiseröhre, Luftröhre, große Gefäße wie z. B. die Aorta, die Baucharterie und die Hohlvenen

4. Durch welchen Muskel wird der Thorax nach ventral vom Bauchraum abgegrenzt?

Durch das Zwerchfell (Diaphragma)

5. Vor welcher Untersuchung muss die MFA die Rippen und ihre Zwischenräume abtasten?

Vor dem Schreiben eines EKG, um die Brustwandableitungen korrekt anzulegen.

AB 15 Gelenke

1. Benennen Sie die Teile des Gelenks.

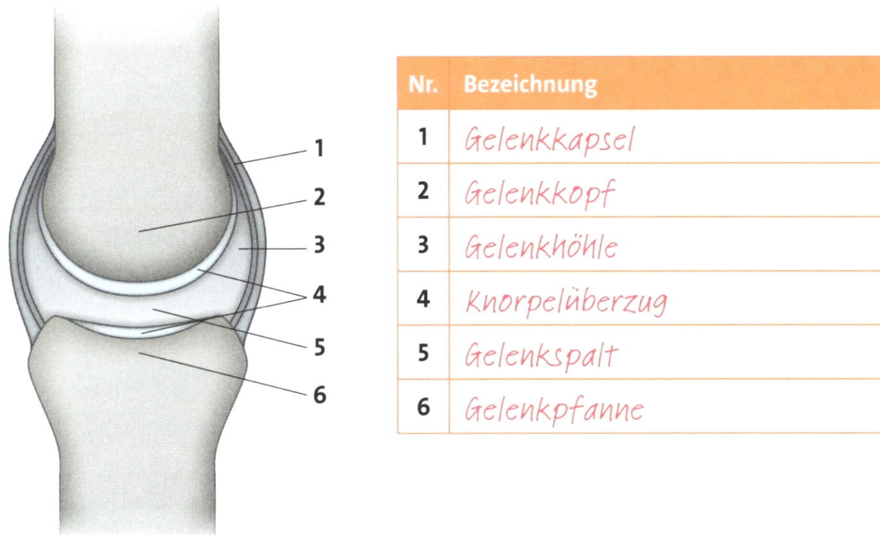

Nr.	Bezeichnung
1	Gelenkkapsel
2	Gelenkkopf
3	Gelenkhöhle
4	Knorpelüberzug
5	Gelenkspalt
6	Gelenkpfanne

2. Verbinden Sie die Gelenkarten mit der jeweiligen Abbildung und den Beispielen durch Linien.

Kugelgelenk

Radgelenk

Scharniergelenk

Eigelenk

Sattelgelenk

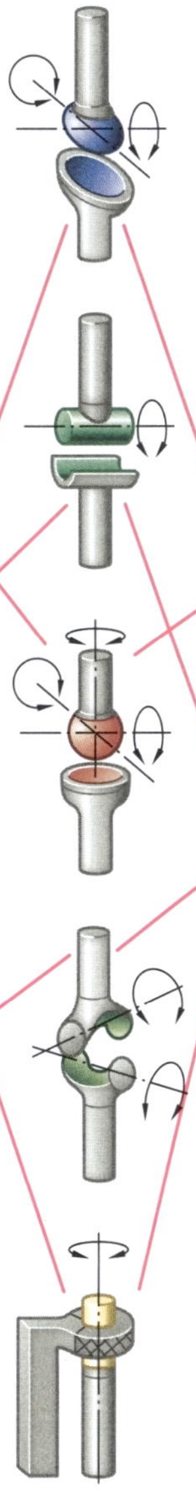

Gelenk von Elle und Speiche im Bereich des Ellbogengelenkes

Schultergelenke, Hüftgelenke

Gelenk zwischen Handwurzelknochen und Mittelhandknochen des Daumens

Handgelenk

Fingerlenke, Zehengelenke

AB 16 Obere Extremität

1. Tragen Sie die Bezeichnungen der oberen Extremität ein – wenn möglich, auch mit dem Fachausdruck.

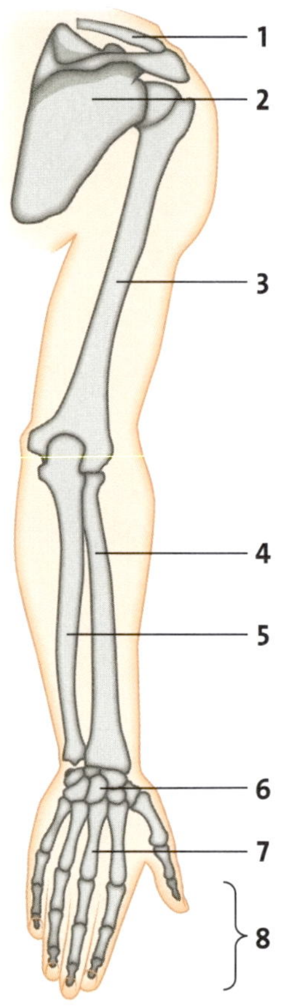

Nr.	Bezeichnung
1	Schlüsselbein – Clavicula
2	Schulterblatt – Scapula
3	Oberarmknochen – Humerus
4	Speiche – Radius
5	Elle – Ulna
6	Handwurzelknochen
7	Mittelhandknochen
8	Fingerknochen

2. Ergänzen Sie die Tabelle zu den Gelenken der oberen Extremität.

	Beschreibung	Bezeichnung des Gelenks
1	Gelenk zwischen Schlüsselbein und Schulterblatt	Schultergelenk
2	Gelenk zwischen Oberarmknochen sowie Elle und Speiche	Ellbogengelenk
3	Gelenk zwischen dem breiten Ende der Elle und der ersten Reihe der Handwurzelknochen	Handgelenk
4	Gelenk zwischen den einzelnen Fingerknochen	Fingergelenk

3. Ergänzen Sie, welcher Muskel oder welche Muskeln die folgenden Bewegungen durchführen.

	Bewegung	Muskel(n)
1	Beugen des Unterarmes	zweiköpfiger Oberarmmuskel (Bizeps), Armbeuger (M. brachialis)
2	Strecken des Unterarmes	dreiköpfiger Oberarmmuskel (Trizeps)
3	Drehen des Oberarmes, Vor- und Zurückbewegen des Oberarmes	Deltamuskel (M. deltoideus)
4	Heranziehen des Oberarmes	großer Brustmuskel (M. pectoralis major)

AB 17 Untere Extremität

1. Kontrollieren Sie, ob die Beschriftung der unteren Extremität korrekt ist. Korrigieren Sie fehlerhafte Beschriftungen.

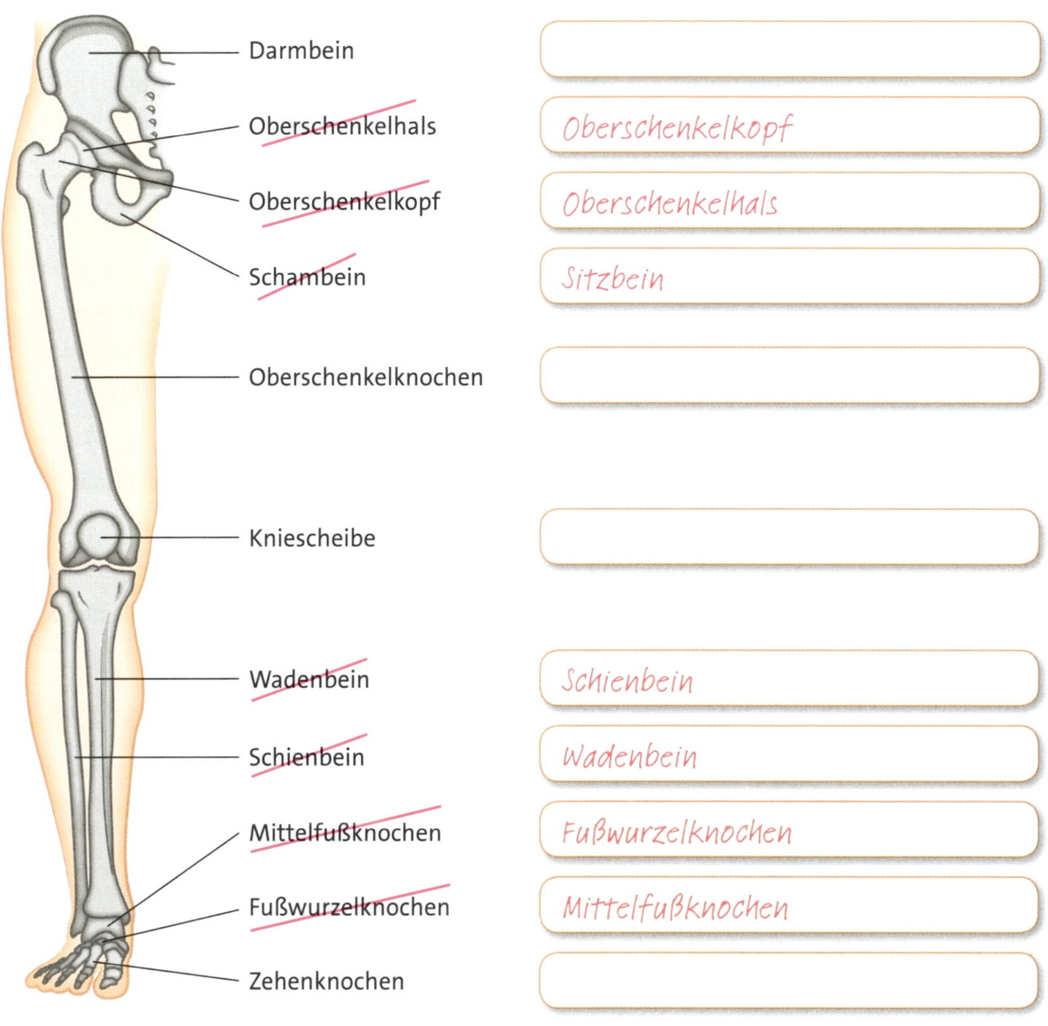

2. Ordnen Sie die Gelenke der unteren Extremität den Beschreibungen zu. Setzen Sie die Ziffer vor das entsprechende Gelenk.

1. Gelenk zwischen Hüftbein und Oberschenkelknochen
2. Gelenk zwischen Oberschenkelknochen und Schienbein
3. Gelenk zwischen den Zehenknochen
4. Gelenk zwischen Schien- und Wadenbein und dem Sprungbein

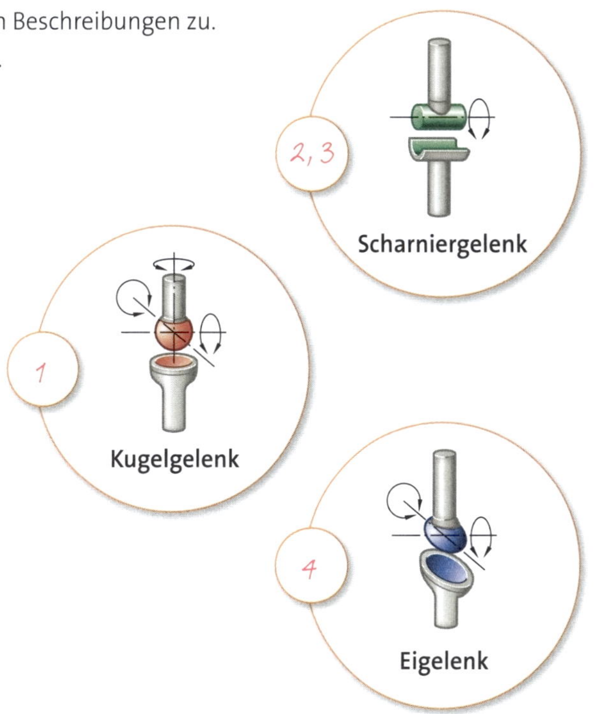

AB 18 Extremitäten, Becken

1. Lösen Sie das folgende Silbenrätsel zu den Fachbegriffe für die Knochen der Extremitäten.

| bia | bu | cla | cu | di | fe | fi | hu | la | la | la | la | me | mur | na | pa | pu | ra | rus | sca | tel | ti | ul | us | vi |

1 F e m u r
Dieser Knochen liegt oberhalb von Schienbein, Kniescheibe und Wadenbein.

2 P a t e l l a
Dieser Knochen liegt vor dem distalen Ende des Oberschenkelknochens.

3 S c a p u l a
Dieser Knochen liegt oberhalb des Oberarmknochens im Bereich des Rückens.

4 R a d i u s
Am distalen Ende dieses Knochens kann man den Puls gut ertasten.

5 F i b u l a
Dieser Knochen liegt tief eingebettet in der Unterschenkelmuskulatur.

6 U l n a
Dieser Knochen liegt neben der Speiche.

7 C l a v i c u l a
Dieser Knochen bildet zusammen mit dem Schulterblatt und dem proximalen Ende des Oberarmknochens das Schultergelenk.

8 T i b i a
Dieser Knochen liegt direkt unter der Haut, wenn man sich stößt, schmerzt es sehr.

9 H u m e r u s
Dieser Knochen liegt oberhalb von Elle und Speiche.

2. Beschriften Sie die Abbildung des Beckengürtels.

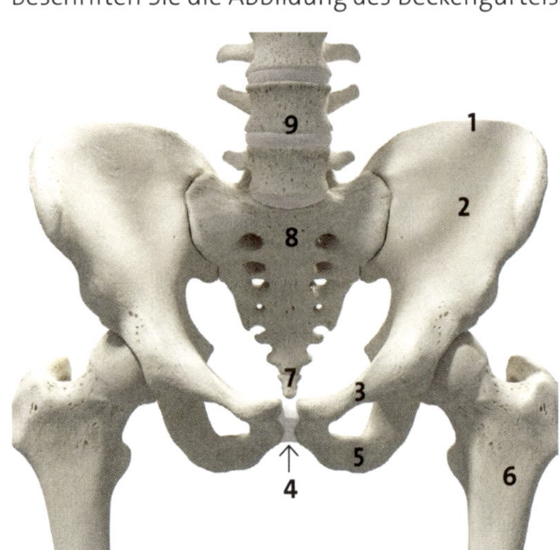

Nr.	Bezeichnung
1	Beckenkamm
2	Darmbein
3	Schambein
4	Schambeinfuge
5	Sitzbein
6	Oberschenkelknochen
7	Steißbein
8	Kreuzbein
9	Wirbelsäule

3. Nennen und begründen Sie Unterschiede zwischen dem weiblichen und dem männlichen Becken.

Das weibliche Becken ist breiter, das männliche schmaler.
Die Darmbeine bei der Frau stehen flacher, beim Mann steiler.
Der Beckeneingang ist bei der Frau queroval, beim Mann leicht herzförmig.
Die Schambeinfuge ist bei der Frau groß, beim Mann klein.
Das weibliche Becken ist anders gebaut, weil das Kind während der Geburt durch das Becken passen muss.

AB 19 Wirbelsäule I

1. Ergänzen Sie die Tabelle zur Wirbelsäule.

Nr.	Bezeichnung des Abschnitts/ Abkürzung	natürliche Krümmung	Besonderheiten
1	Halswirbelsäule/HWS	Lordose	Die Halswirbel haben kleine Wirbelkörper und gespaltene Dornfortsätze. Der 7. Halswirbel hat einen besonders langen Dornfortsatz. Die ersten beiden Halswirbel haben keinen Wirbelkörper.
2	Brustwirbelsäule/BWS	Kyphose	Die BWS ist Bestandteil des Thorax. Die Brustwirbel haben lange, nach unten ragende Dornfortsätze.
3	Lendenwirbelsäule/LWS	–	Die Wirbel der LWS haben die größten Wirbelkörper und kurze Dornfortsätze.
4	Kreuzbein	–	Die Wirbel des Kreuzbeins sind zurückgebildet und zusammengewachsen.
5	Steißbein	–	Das Steißbein besteht aus zurückgebildeten und zusammengewachsenen Wirbeln.

2. Wie heißt die pathologische Krümmung der Wirbelsäule zur Seite?

Skoliose

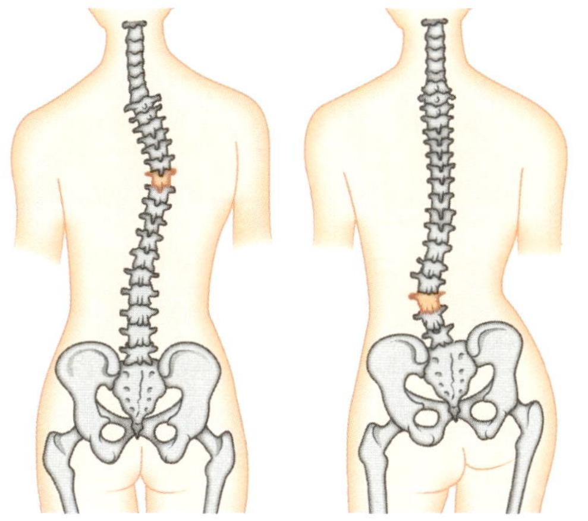

AB 20 Wirbelsäule II

1. Welche Aufgaben haben die Zwischenwirbelscheiben (Bandscheiben)?

Sie federn Stöße ab und sorgen für die Beweglichkeit der Wirbelsäule.

2. Beschriften Sie die Abbildung des Wirbels.

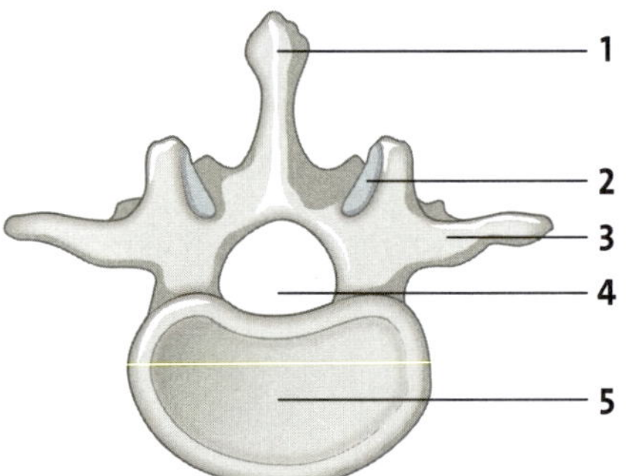

Nr.	Bezeichnung
1	*Dornfortsatz*
2	*Gelenkfläche*
3	*Querfortsatz*
4	*Wirbelloch*
5	*Wirbelkörper*

3. Warum werden die Wirbellöcher des Wirbelkanals absteigend kleiner und die Wirbelkörper größer?

Aus den Wirbellöchern des Wirbelkanals treten immer mehr Nerven aus.

Die Wirbelkörper werden größer, weil das Gewicht des Oberkörpers auf ihnen lastet.

4. Beschriften Sie die abgebildeten Wirbel.

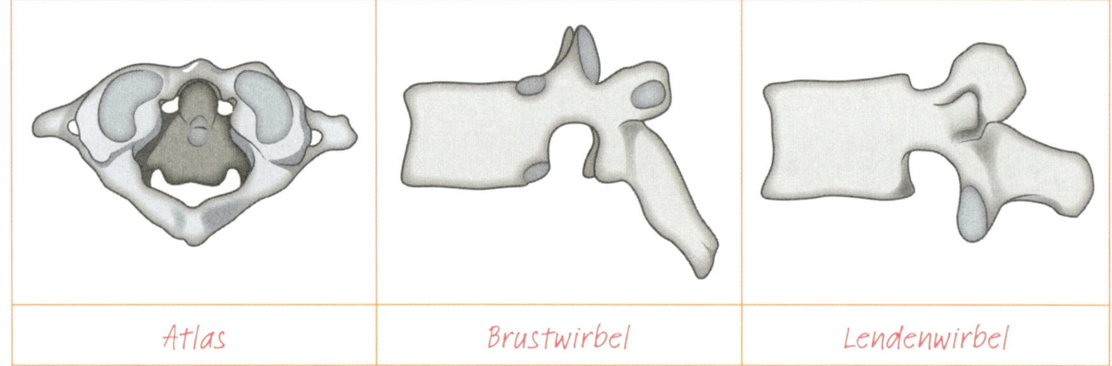

Atlas	*Brustwirbel*	*Lendenwirbel*

5. Wofür stehen die Buchstaben bei den Wirbeln? Geben Sie den ausgeschriebenen Begriff und die deutsche Bedeutung an.

Abkürzung	Ausgeschriebener Begriff – deutsche Bedeutung
C 1 – 7	*cervikal – zum Hals gehörend*
Th 1 – 12	*thorakal – zum Brustkorb gehörend*
L 1 – 5	*lumbal – zur Lendenwirbelsäule gehörend*
S 1 – 5	*sakral – zum Kreuzbein gehörend*

AB 21 Skelett

1. Beschriften Sie das Skelett – wenn möglich, auch mit den entsprechenden Fachbegriffen.

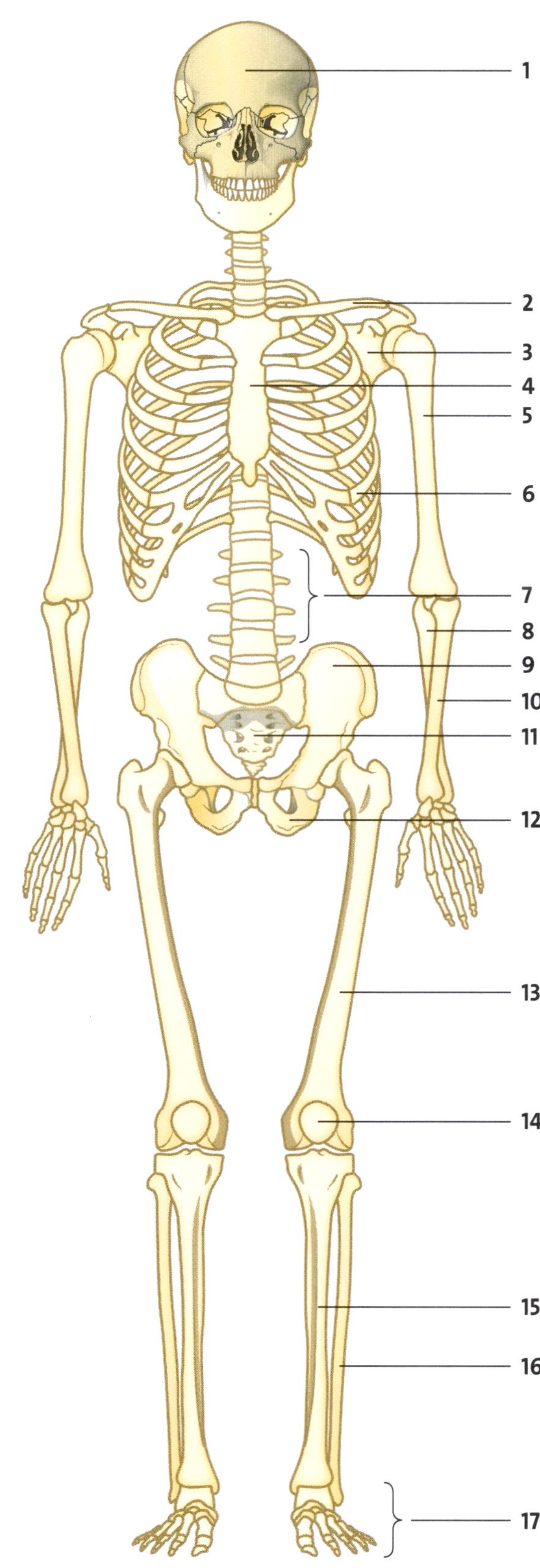

Nr.	Bezeichnung
1	Schädel
2	Schlüsselbein – Clavicula
3	Schulterblatt – Scapula
4	Brustbein – Sternum
5	Oberarmknochen – Humerus
6	Rippe – Costa
7	Lendenwirbelsäule
8	Elle – Ulna
9	Darmbein
10	Speiche – Radius
11	Kreuzbein
12	Sitzbein
13	Oberschenkelknochen – Femur
14	Kniescheibe – Patella
15	Schienbein – Tibia
16	Wadenbein – Fibula
17	Fußskelett

AB 22 Fachworttrainer Halte- und Bewegungsapparat

1. Geben Sie für die deutsche Bedeutung den jeweiligen Fachausdruck an.

Deutsche Bedeutung	Fachausdruck
vorn	anterior
Oberschenkelknochen	Femur
Kniescheibe	Patella
dreiköpfiger Oberarmmuskel	Trizeps
zweiköpfiger Oberarmmuskel	Bizeps
Wadenbein	Fibula
hinten	posterior
zur Elle gehörend	ulnar
steißwärts	caudal
Krümmung der Wirbelsäule nach hinten	Kyphose
rumpfnah	proximal
Elle	Ulna
Schlüsselbein	Clavicula
seitlich	lateral
zur Speiche gehörend	radial
bauchwärts	ventral
kompakte Knochensubstanz	Compacta
Krümmung der Wirbelsäule nach vorn	Lordose
Speiche	Radius
zur Körpermitte hin	medial
Rippe	Costa
Deltamuskel	M. deltoideus
knöcherner Brustkorb	Thorax
rückenwärts	dorsal
kopfwärts	cranial
großer Gesäßmuskel	M. gluteus maximus
schwammartige Knochensubstanz	Spongiosa
rumpffern	distal
Zwerchfell	Diaphragma
großer Brustmuskel	M. pectoralis major
Brustbein	Sternum
Schienbein	Tibia
Krümmung der Wirbelsäule zur Seite	Skoliose
Oberarmknochen	Humerus

AB 23 Erkrankungen des Skelettsystems

1. Welche drei unterschiedlichen Bereiche beschäftigen sich mit den Erkrankungen und Verletzungen des Skelettsystems?

Die Orthopädie, die Rheumatologie und die Traumatologie.

2. Nennen Sie vier Methoden, mit denen man Erkrankungen des Skelettsystems diagnostizieren kann.

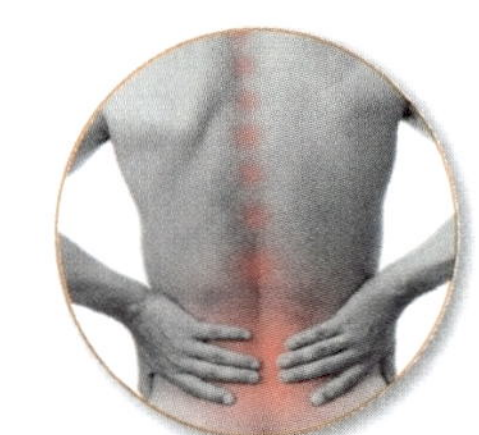

Röntgen	*MRT – Magnetresonanztomografie*
CT – Computertomografie	*Arthroskopie – Gelenkspiegelung*

3. Viele Gelenk- und Knochenverletzungen haben gemeinsame Symptome. Nennen Sie drei Symptome.

Schmerzen, Schwellung, Hämatome

4. Lösen Sie das Rätsel zu den Fachbegriffen für verschiedene Erkrankungen des Skelettsystems. Eine Zahl steht jeweils für den gleichen Buchstaben.

1	*S*	*C*	*H*	*L*	*E*	*U*	*D*	*E*	*R*	*T*	*R*	*A*	*U*	*M*	*A*
	19	3	8	12	5	21	4	5	18	20	18	1	21	13	1
	plötzliche Biegung und Überstreckung, z. B. der Halswirbelsäule														
2	*L*	*U*	*M*	*B*	*A*	*G*	*O*								
	12	21	13	2	1	7	15								
	plötzlicher Schmerz im Bereich der Lendenwirbelsäule, Hexenschuss genannt														
3	*R*	*U*	*P*	*T*	*U*	*R*									
	18	21	16	20	21	18									
	Abriss eines Bandes vom Knochen aufgrund plötzlicher Gewalteinwirkung														
4	*S*	*K*	*O*	*L*	*I*	*O*	*S*	*E*							
	19	11	15	12	9	15	19	5							
	pathologische Krümmung der Wirbelsäule zur Seite														
5	*L*	*U*	*X*	*A*	*T*	*I*	*O*	*N*							
	12	21	24	1	20	9	15	14							
	ein Gelenkende verlässt seine physiologische Stellung														
6	*D*	*I*	*S*	*T*	*O*	*R*	*S*	*I*	*O*	*N*					
	4	9	19	20	15	18	19	9	15	14					
	Fachausdruck für die Überdehnung und Zerrung der Bänder														
7	*K*	*O*	*N*	*T*	*U*	*S*	*I*	*O*	*N*						
	11	15	14	20	21	19	9	15	14						
	häufig als Prellung bezeichnete Verletzung														
8	*F*	*R*	*A*	*K*	*T*	*U*	*R*								
	6	18	1	11	20	21	18								
	lateinischer Begriff für Knochenbruch														

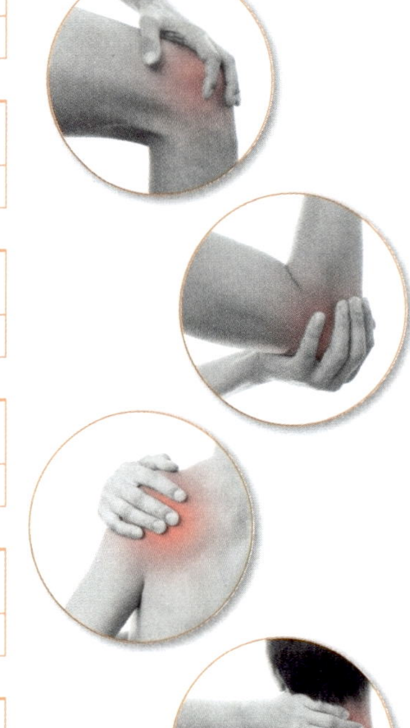

AB 24 Frakturen

1. Nennen Sie Ursachen für Knochenbrüche.

Fehlbelastung, Knochentumore, hormonelle Störungen, Gewalteinwirkung von außen

2. Ergänzen Sie die Tabelle zu den Arten von Knochenbrüchen.

Bezeichnung	Abbildung	Merkmal
geschlossene Fraktur	Haut	*Das umgebende Gewebe ist nicht verletzt.*
offene Fraktur	Haut	*Das Knochenende ist sichtbar, die Haut ist durchtrennt.* Komplikation: *Infektion, es kann zu einer Osteomyelitis (Knochenmarksentzündung) kommen.*
Grünholz-fraktur		*Die Knochenhaut, die den Knochen umgibt, wird nicht verletzt. Der Knochen verbiegt sich und kann dadurch brechen.*

3. Kreuzen Sie an, welche Symptome sichere Frakturzeichen sind.

AB 25 Frakturen, Bandscheibenvorfall, Schleudertrauma

1. Ergänzen Sie die Lücken im Text.

Knochenbrüche können normalerweise mithilfe einer Röntgenaufnahme diagnostiziert werden. Als Therapie werden die Knochenenden zunächst wieder in ihre ursprüngliche Position gebracht (Fachausdruck: Reposition). Dann werden sie mithilfe von Gipsverbänden oder Kunststoffverbänden fixiert. Bei der Heilung einer Fraktur bildet sich zunächst ein Kallus. Dies ist Bindegewebe, das von der Knochenhaut ausgeht und später verknöchert. Die Heilungsdauer ist von vielen Faktoren abhängig, z. B. vom Alter, von der Lokalisation des Bruches. Als Komplikationen können bei Kindern und Jugendlichen Wachstumsstörungen auftreten, bei offenen Brüchen kann es zu Infektionen kommen.

2. Ergänzen Sie die folgende Karteikarte zum Bandscheibenvorfall.

Bandscheibenvorfall

Ursache	Die Bandscheibe besteht aus einem Faserring und einem Gallertkern im Inneren des Faserringes. Wenn der Faserring aufgrund höheren Alters rissig wird und Lücken bekommt, wölbt sich der Gallertkern in Richtung Rückenmark oder quillt aus der Bandscheibe heraus.
Diagnostik	• klinische Untersuchung mit Reflex- und Sensibilitätsprüfung • Computertomografie (CT) • Kernspintomografie (MRT)
Symptome	• Sensibilitätsstörungen • Schmerzen • Lähmungserscheinungen
Therapie	• konservativ: Schmerzmittel, Physiotherapie • operativ: bei Lähmungserscheinungen muss operiert werden

3. Nennen Sie die Ursache, die Symptome und die Therapie eines HWS-Schleudertraumas.

Ursache	plötzliche Beugung und Überstreckung der HWS, z. B. Auffahrunfall
Symptome	Kopfschmerzen, Nackenschmerzen, Schwindel, Übelkeit
Therapie	Physiotherapie, evtl. Tragen einer Halskrawatte

AB 26 Osteoporose

1. Ordnen Sie die Informationen zur Osteoporose in den Kästchen den sechs Stichwörtern zu, indem Sie jeweils die entsprechende Ziffer einsetzen.

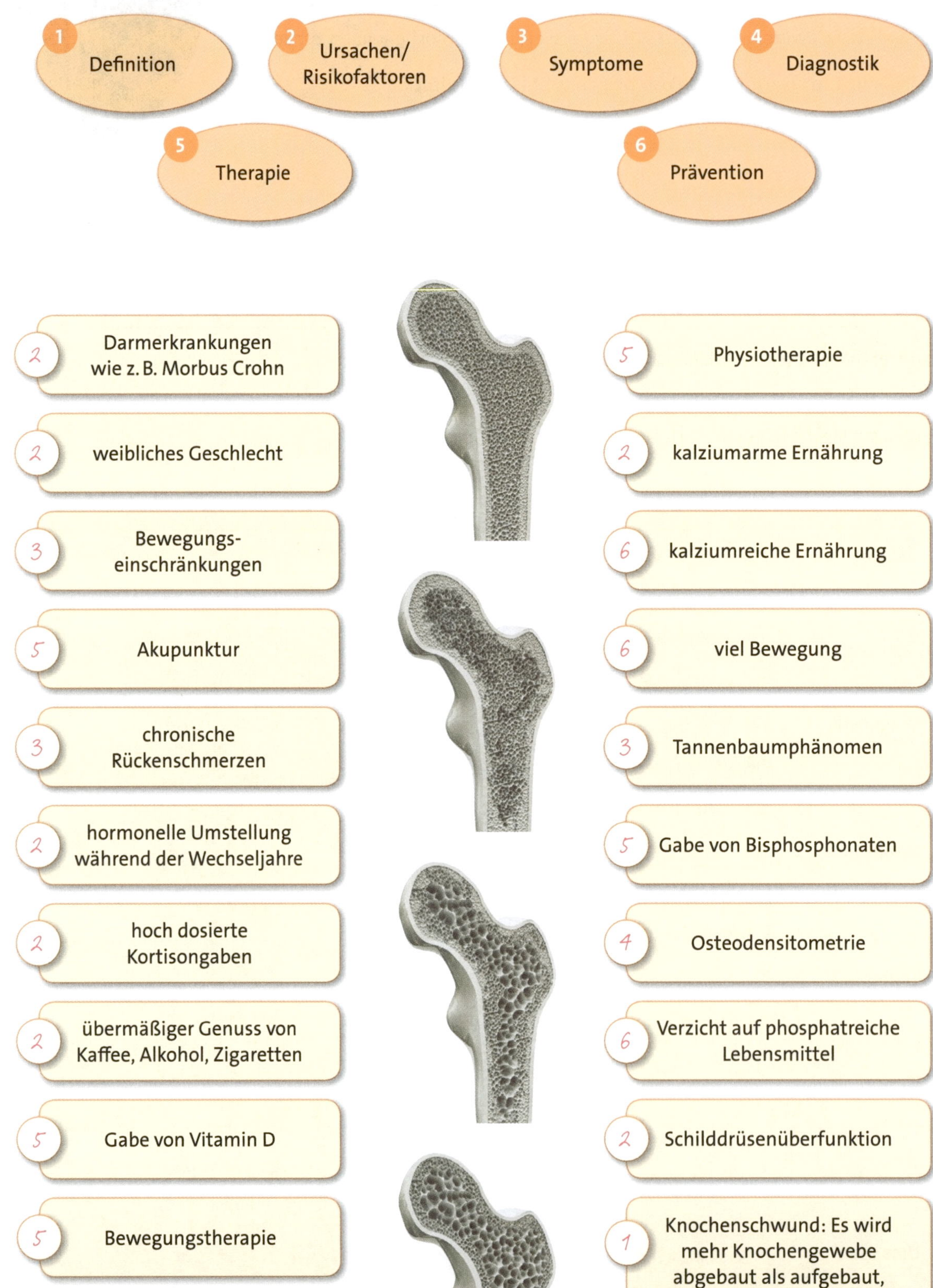

AB 27 Arthrose, rheumatisch-entzündliche Krankheiten, rheumatoide Arthritis

1. Vervollständigen Sie die Mindmap zur Arthrose.

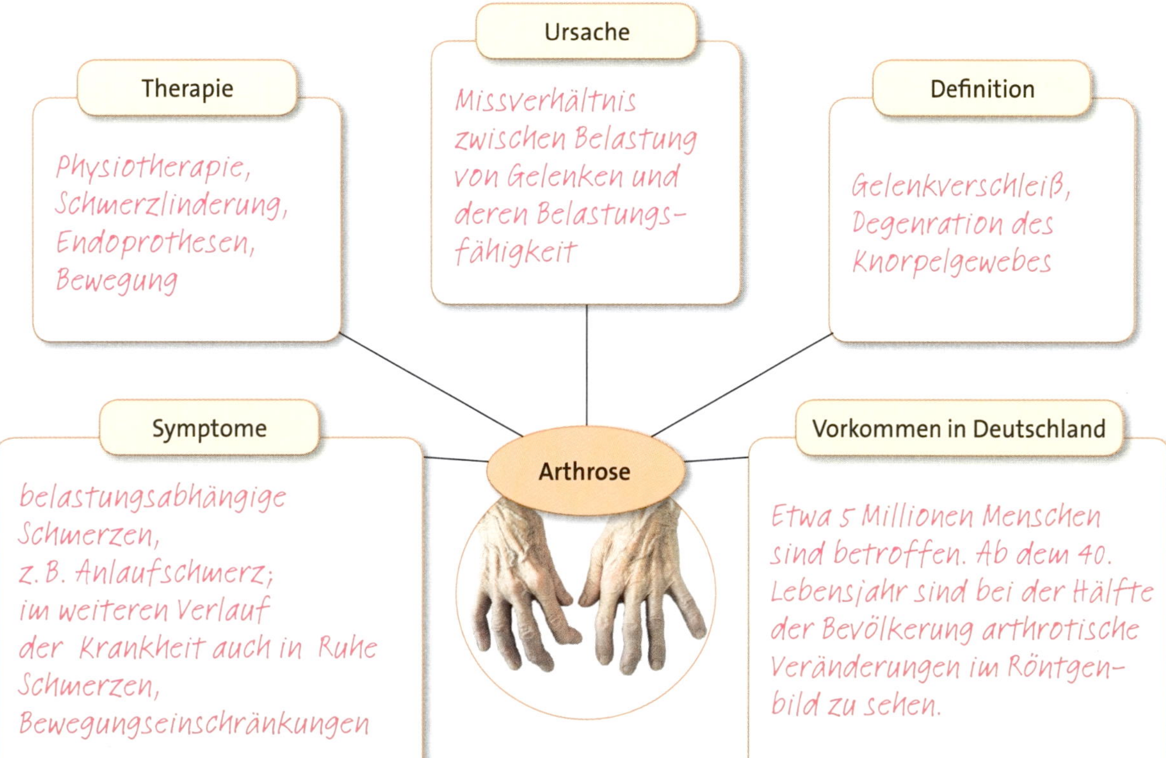

2. Kreuzen Sie die richtige/n Aussage/n zu den rheumatisch-entzündlichen Krankheiten und zur rheumatischen Arthritis an.

	rheumatisch-entzündliche Krankheiten (1 richtige Aussage)	
1	Es kommt zu Ergussbildungen in den Gelenken.	X
2	Die rheumatisch-entzündlichen Krankheiten sind Erbkrankheiten.	
3	Bei rheumatisch-entzündlichen Krankheiten sind ausschließlich Gelenke betroffen.	
4	Im Frühstadium rheumatisch-entzündlicher Krankheiten werden die Knochen, die die befallenen Gelenke bilden, angegriffen und pathologisch verändert.	
5	Erst im Spätstadium rheumatisch-entzündlicher Krankheiten kommt es zu Ergüssen in den Gelenken.	

	rheumatoide Arthritis (R. A.) (2 richtige Aussagen)	
1	Bei dieser Krankheit sind bei Kindern und Jugendlichen hauptsächlich die kleinen Gelenke wie Finger- und Zehengelenke betroffen.	
2	Typische Symptome für das Vorliegen einer R. A. sind z. B. Morgensteifigkeit, Entzündung der Sehnenscheiden und Rheumaknoten.	X
3	Als Therapie werden z. B. Kortison, Immunsuppressiva und Biologica verabreicht.	X
4	Die R. A. ist eine akute Krankheit, die in den meisten Fällen ohne Komplikationen ausheilt.	
5	Männer sind von dieser Krankheit häufiger betroffen als Frauen.	
6	Es handelt sich um eine Erkrankung, die durch Bakterien ausgelöst wird.	

AB 28 Morbus Bechterew, Fibromyalgie, Fußfehlstellungen

1. Kreuzen Sie die richtigen Aussagen zu Morbus Bechterew und zur Fibromyalgie an.

	Morbus Bechterew (2 richtige Aussagen)	
1	Es handelt sich um eine chronische Entzündung der Wirbelgelenke.	X
2	Männer sind häufiger von dieser Krankheit betroffen als Frauen.	
3	Bei dieser Krankheit kommt es zu einer erhöhten Beweglichkeit der Wirbelsäule.	
4	Im Verlauf der Krankheit kommt es zu einer ausgeprägten Kyphose.	X
5	Der Thorax wird im Verlauf der Krankheit beweglicher.	
6	Die ersten Symptome sind Rückenschmerzen im Bereich der Halswirbelsäule.	

	Fibromyalgie (2 richtige Aussagen)	
1	Die Ursache dieser Erkrankung ist eine bakterielle Infektion, die nicht ausgeheilt ist.	
2	Es handelt sich um gelegentliche leichte Schmerzen im Bereich der Extremitäten.	
3	Bei dieser Krankheit sind besonders die Muskeln, Bänder und Sehnenansatzpunkte betroffen.	X
4	Als Therapie sind Physiotherapie und Entspannungstechniken indiziert.	X
5	Bei der Fibromyalgie gibt es viele auffällige Laborbefunde wie z. B. erhöhte Leukozytenkonzentrationen im Blut.	

2. Ordnen Sie den abgebildeten Fußfehlstellungen die Bezeichnung und die Beschreibung zu. Verbinden Sie durch Linien.

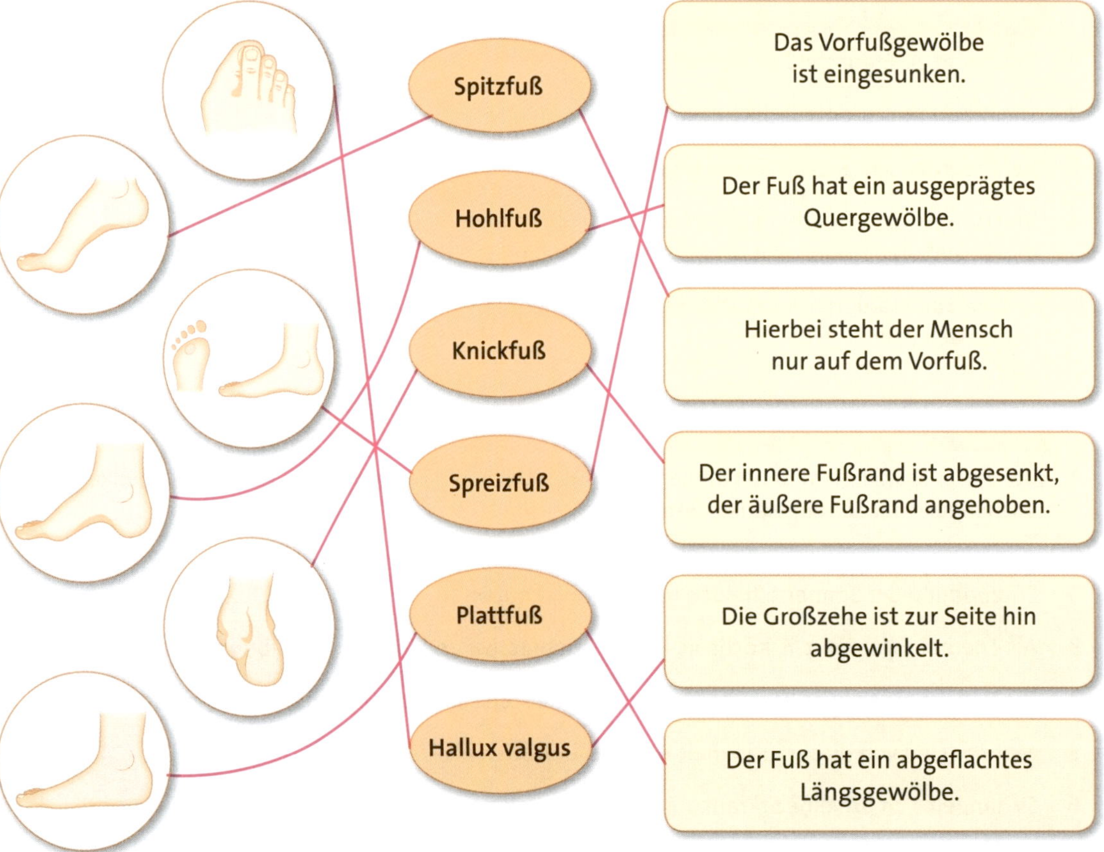

AB 29 Fachworttrainer Erkrankungen des Skelettsystems

1. Im Anhang auf Seite 121 finden Sie Karten für dieses Wort-Domino. Schneiden Sie die einzelnen Dominokarten aus und legen Sie sie in der richtigen Reihenfolge aneinander.

Das geht so: Auf der rechten Seite der Dominokarte steht ein deutscher Begriff oder eine Erklärung. Suchen Sie jeweils die Karte mit dem passenden Fachbegriff oder der passenden Erklärung auf der linken Seite und legen Sie diese an. Beispiel: Der Begriff für „Knochenbruch" ist „Fraktur", also wurde diese Karte angelegt. Als nächstes suchen Sie nun den passenden Begriff für „Medikamente, die das Immunsystem unterdrücken" und legen diese Karte links in die Reihe darunter usw. Die Erklärung auf der letzten Dominokarte in der letzten Reihe entspricht dem Fachbegriff auf der ersten Karte. Kleben Sie die Karten in der korrekten Reihenfolge auf dieses Arbeitsblatt.

Orthopädie	Knochenbruch	Fraktur	Medikamente, die das Immunsystems unterdrücken
Immun-suppressiva	Knochendichte-messung	Osteodensitometrie	Gelenkspiegelung
Arthroskopie	Fachgebiet der rheumatischen Erkrankungen	Rheumatologie	Hexenschuss
Lumbago	Abwinkelung der Großzehe zur Seite	Hallux valgus	Bänderriss
Ruptur	pathologische seitliche Krümmung der Wirbelsäule	Skoliose	chronisch-entzünd-liche Erkrankung der Wirbelgelenke
Morbus Bechterew	Quetschung	Kontusion	biotechnisch hergestellte Medikamente
Biologica	Verrenkung	Luxation	Gebiet für unfallbedingte Verletzungen
Traumatologie	Verstauchung	Distorsion	chronisches Schmerz-syndrom an Muskeln und Bändern
chronische Polyarthritis/ rheumatoide Arthritis	chronisch-entzünd-liche, schubhafte Gelenkerkrankung	Fibromyalgie	Fachgebiet des Bewegungs-systems

AB 30 Ultraschalluntersuchungen

1. Nennen Sie die Vorteile einer Ultraschalluntersuchung.

- Sie ist schmerzlos.
- Sie ist eine aussagekräftige diagnostische Methode.
- Sie ist als Übersichtsuntersuchung für viele Organe geeignet.
- Sie ist wiederholbar.
- Sie ist schnell durchführbar.
- Sie ist unschädlich für den Patienten und den Untersucher.
- Man kann sie während der Schwangerschaft anwenden.

2. Kreuzen Sie an, ob die Aussagen zur Sonografie richtig oder falsch sind.

		Richtig	Falsch
1	In der Medizin wird mit sehr niedrigen Schallfrequenzen gearbeitet.		X
2	Das Kontaktgel dient der besseren Übertragung des Ultraschalls.	X	
3	Die reflektierten Schallwellen heißen Echo.	X	
4	Luftgefüllte Organe lassen sich mithilfe des Ultraschalls besonders gut untersuchen.		X
5	Bei der Doppler-Sonografie kann z. B. der Blutstrom im Körper sichtbar gemacht werden.	X	
6	Bei der Dopplerechokardiografie wird das Herz untersucht.	X	
7	Sonografie und Endoskopie können nicht miteinander kombiniert werden.		X

3. Warum muss die MFA bei jeder Ultraschalluntersuchung Kontaktgel und Zellstofftücher bereithalten?

- Kontaktgel verbessert die Schallübertragung aus dem Körper.
- Zellstofftücher benötigt der Patient nach der Untersuchung zum Entfernen des Kontaktgels.

4. Welche Regeln müssen bei der Sonografie der folgenden Organe beachtet werden?

Organe	Regel
Leber, Gallenblase, Bauchspeicheldrüse, Milz	Die Untersuchung sollte morgens erfolgen, weil der Patient nüchtern sein muss. Er sollte am Vortag keine blähenden Speisen essen, weil sich sonst Luft im Magen-Darm-Trakt ansammelt. Die zu untersuchenden Organe sind dann schlecht zu sehen.
Harnblase	Die Harnblase muss gut gefüllt sein.
Schilddrüse	Der Patient muss mit dem Hals auf einer Nackenrolle liegen, damit der Kopf überstreckt ist.

AB 31 Endoskopien

1. Lösen Sie das Kreuzworträtsel zu den Fachbegriffen für verschiedene Endoskopien. Bei richtiger Beantwortung ergibt sich in den farbig unterlegten Kästchen von oben nach unten gelesen ein Lösungswort.

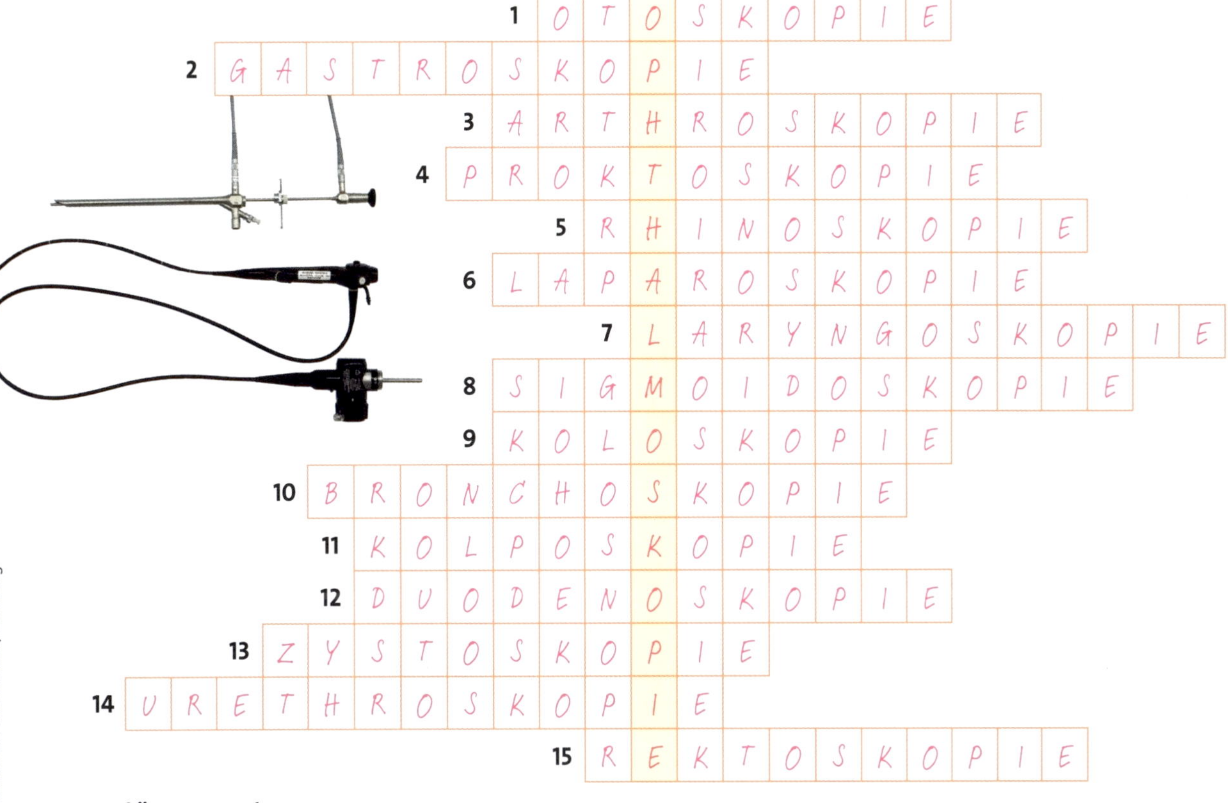

Lösungswort:

1	2	3	4	5	6	7	8	9	10	11	12	13	14	15
O	P	H	T	H	A	L	M	O	S	K	O	P	I	E

1 Untersuchung des Gehörgangs und des Trommelfells
2 Magenspiegelung
3 Spiegelung von Gelenken
4 Untersuchung des Analkanals und des Mastdarms
5 Nasenspiegelung
6 Bauchhöhlenspiegelung
7 Spiegelung des Kehlkopfes
8 Untersuchung des s-förmigen Darmabschnittes
9 Dickdarmspiegelung
10 Untersuchung des Bronchialsystems
11 Untersuchung der Scheidenschleimhaut und des Muttermundes
12 Untersuchung des Zwölffingerdarms
13 Harnblasenspiegelung
14 Spiegelung der Harnröhre
15 Spiegelung des Mastdarms

2. Nennen Sie Vor- und Nachteile von endoskopischen Untersuchungen

Vorteile	Nachteile
• Man kann Diagnostik und Therapie miteinander kombinieren, z. B. können Polypen sofort entfernt werden. • Man kann Gewebeproben (Biopsien) entnehmen zur Untersuchung.	• Die Untersuchungen sind nicht alle sofort durchführbar, weil der Patient eventuell vor der Untersuchung für einen längeren Zeitraum nüchtern bleiben muss (Gastroskopie) oder er abführen muss (Koloskopie).

AB 32 Röntgen

1. Ergänzen Sie die Kästen in der Mindmap zu den Röntgenstrahlen

Anwendungsmöglichkeiten:

- diagnostische und therapeutische Anwendung,
- eventuell Kontrastmittelgabe, um Funktion eines Organs darzustellen,
- gute Darstellung der knöchernen Strukturen

Entdecker der Strahlen:

Conrad Röntgen

Bezeichnung der Strahlen in anderen Ländern:

X-Strahlen

Röntgenstrahlen

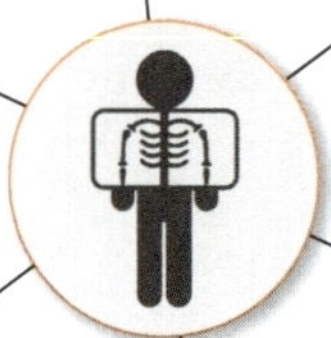

Eigenschaften:

- nicht sichtbar,
- elektromagnetische Wellen,
- energiereicher als Licht,
- werden reflektiert und gestreut,
- schwärzen Filme,
- durchdringen feste Substanzen,
- werden im Körper am besten von Knochen und Zähnen absorbiert,
- werden sehr gut von Blei absorbiert,
- können das Erbgut schädigen

Risiken:

Strahlen können Erbgut verändern

Gewebe, die besonders empfindlich sind:

- Embryo und Fetus
- Lymphgewebe
- Knochenmark
- Hoden, Eierstöcke

2. Welche Organe werden (normalerweise) ohne Kontrastmittel geröntgt?

Thorax, Bauchraum (Abdomen), Becken, weibliche Brust, Knochen und Gelenke

3. Erklären Sie, welche Organe bei den folgenden Röntgenuntersuchungen sichtbar gemacht werden können:

Bezeichnung	Organe
Kolon-Kontrasteinlauf	Dickdarm
Urografie	Nierenbecken und Harnleiter
Angiografie	Gefäße wie Venen, Arterien, Lymphgefäße
Koronarangiografie	Herzkranzgefäße
Osteodensitometrie	Knochen (Knochendichtemessung)

AB 33 Szintigrafie, MRT, Strahlenschutz

1. Ergänzen Sie die Tabelle zur Szintigrafie und zum MRT.

Bezeichnung	Erklärung	Anwendungsbeispiele
Szintigrafie	*Es werden radioaktive Substanzen i. v. verabreicht, die sich in bestimmten Gewebearten anreichern und pathologische Veränderungen anzeigen können.*	• *Untersuchung der Funktion der Schilddrüse* • *Untersuchung des Skeletts im Hinblick auf Tumore* • *Untersuchung der Lungenfunktion* • *Untersuchung der Herzfunktion*
Kernspintomografie (MRT)	*Es werden elektromagnetische Impulse aufgezeichnet, die die Gewebe aussenden, wenn sie einem starken Magnetfeld ausgesetzt sind. Dadurch können kleinste Details dargestellt werden. Es wird nicht mit Röntgenstrahlung gearbeitet.*	• *Darstellung des Gehirns* • *Darstellung des Rückenmarks* • *Darstellung der Wirbelsäule und Gelenke* • *Darstellung der inneren Organe* • *Darstellung der Blutgefäße und des Herzens*

2. Erklären Sie, wofür die drei A des Strahlenschutzes stehen.

Kein Zutritt!
- Röntgen -

A*bschirmung verwenden, d. h., alle Personen im Röntgenraum müssen Schutzkleidung tragen.*

A*bstand halten, d. h., je weiter man sich von der Strahlenquelle entfernt, desto geringer ist die Strahlung.*

A*ufenthaltsdauer verkürzen, d. h., je kürzer der Aufenthalt im Strahlenbereich, desto geringer ist die Strahlendosis.*

3. Schreiben Sie die Abkürzungen für die folgenden Untersuchungen aus.

Abkürzung	Ausgeschriebenes Wort
CT	*Computertomografie*
DSA	*Digitale Subtraktionsangiografie*
MRT	*Magnet-Resonanz-Tomografie*
PET	*Positronen-Emissions-Tomografie*
SPECT	*Single-Photon-Emissions-Computertomografie*

AB 34 Strahlenschutz

1. Kreuzen Sie bei den folgenden Aussagen an, ob sie richtig oder falsch sind. Korrigieren Sie anschließend unter der Tabelle die falschen Aussagen.

	Aussage	Richtig	Falsch
1	Zu den Personen, die Röntgenbilder anfertigen dürfen, gehören unter anderem approbierte Ärzte mit Fachkunde im Strahlenschutz und MTRA mit staatlich anerkannter abgeschlossener Ausbildung.	X	
2	Wer Röntgenaufnahmen anfertigt, muss an einem Kurs zur Fachkunde im Strahlenschutz erfolgreich teilgenommen haben und seine Kenntnisse alle 10 Jahre in einem Auffrischungskurs aktualisieren.		X
3	MFA und MTRA dürfen Röntgenaufnahmen anordnen, wenn sie eine medizinische Indikation angeben.		X
4	Gebärfähige Frauen müssen vor röntgenologischen Untersuchungen gefragt werden, ob sie schwanger sind.	X	
5	Patienten müssen vor Röntgenaufnahmen über die Risiken der Strahlenbelastung informiert werden.	X	
6	Der Kontrollbereich ist der Röntgenraum in der Praxis, in dem Personen in einem Kalenderjahr eine Körperdosis von mehr als 6 mSv erhalten können.	X	
7	Der Überwachungsbereich ist der Bereich, in dem Personen in einem Kalenderjahr mehr als 10 mSv erhalten können.		X
8	Personen, die sich im Kontrollbereich aufhalten, müssen Schutzkleidung tragen.	X	
9	Die Aufbewahrungsfristen betragen für Aufzeichnungen über Röntgendiagnostik 30 Jahre, über Strahlentherapie 10 Jahre.		X
10	Der Röntgenpass wird dem Patienten ausgegeben, wenn dieser danach fragt.		X
11	Medizinisches Personal muss das Dosimeter über der Schutzkleidung tragen.		X
12	Das Dosimeter muss der Messstelle nach Ablauf eines Monat zur Kontrolle eingereicht werden.	X	
13	Personen, die in einer Röntgenpraxis arbeiten und dort Aufnahmen anfertigen, müssen mindestens einmal im Jahr unterwiesen werden. Sie müssen die Unterweisung unterschreiben.	X	

Korrekturen der falschen Aussagen.

Nr. So muss es richtig heißen.

2 Die Kenntnisse müssen alle 5 Jahre in einem Auffrischungskurs aktualisiert werden.

3 Nur Ärzte dürfen Röntgenaufnahmen anordnen.

7 Der Überwachungsbereich ist der Bereich, in dem Personen in einem Kalenderjahr mehr als 1 mSv erhalten können.

9 Die Aufbewahrungsfristen betragen für Aufzeichnungen über Röntgendiagnostik 10 Jahre, über Strahlentherapie 30 Jahre.

10 Der Röntgenpass wird dem Patienten angeboten.

11 Medizinisches Personal muss das Dosimeter unter der Schutzkleidung tragen.

AB 35 Fachworttrainer apparative diagnostische Verfahren

1. Ordnen Sie die Fachbegriffe den deutschen Erklärungen bzw. Übersetzungen zu, indem Sie die Ziffern einsetzen. Ein Beispiel ist vorgegeben.

1	Abdomen
2	Angiografie
3	Arthroskopie
4	Bronchoskopie
5	Computertomografie
6	Duodenoskopie
7	Embryo
8	Fetus
9	Gastroskopie
10	Koloskopie
11	Kolposkopie
12	Koronarangiografie
13	Laparoskopie
14	Laryngoskopie
15	Magnetresonanztomografie
16	Ophthalmoskopie
17	Otoskopie
18	Proktoskopie
19	Rektoskopie
20	Rhinoskopie
21	Sigmoidoskopie
22	Sonografie
23	Szintigrafie
24	Urografie
25	Zystoskopie

Spiegelung des Bronchialsystems	4
ungeborenes Kind ab dem 3. Schwangerschaftsmonat	8
Spiegelung der Scheide	11
Bauchraum	1
Spiegelung des Gehörgangs und des Trommelfells	17
Kehlkopfspiegelung	14
Spiegelung des Mastdarms	19
Zwölffingerdarmspiegelung	6
Darstellung der Herzkranzgefäße	12
Augenhintergrundspiegelung	16
Darstellung der Gefäße	2
Spiegelung des Analkanals und des unteren Abschnitts des Mastdarms	18
Spiegelung des s-förmigen Teils des Dickdarms	21
Gelenkspiegelung	3
Untersuchung mithilfe von radioaktiven Substanzen	23
Magenspiegelung	9
Harnblasenspiegelung	25
Spiegelung der Nasenhöhle	20
Schichtaufnahmeverfahren mit hoher Strahlenbelastung	5
Ultraschalluntersuchung	22
Bauchhöhlenspiegelung	13
Darstellung des Nierenbeckens und der Harnleiter	24
ungeborenes Kind bis zum 3. Schwangerschaftsmonat	7
Untersuchung, bei der Magnetfelder benutzt werden	15
Dickdarmspiegelung	10

AB 36 Physikalische therapeutische Verfahren

1. Physikalische therapeutische Verfahren sind vielfältig. Ordnen Sie die einzelnen Therapieformen den Oberbegriffen zu, indem Sie die Begriffe in die Kästchen schreiben.

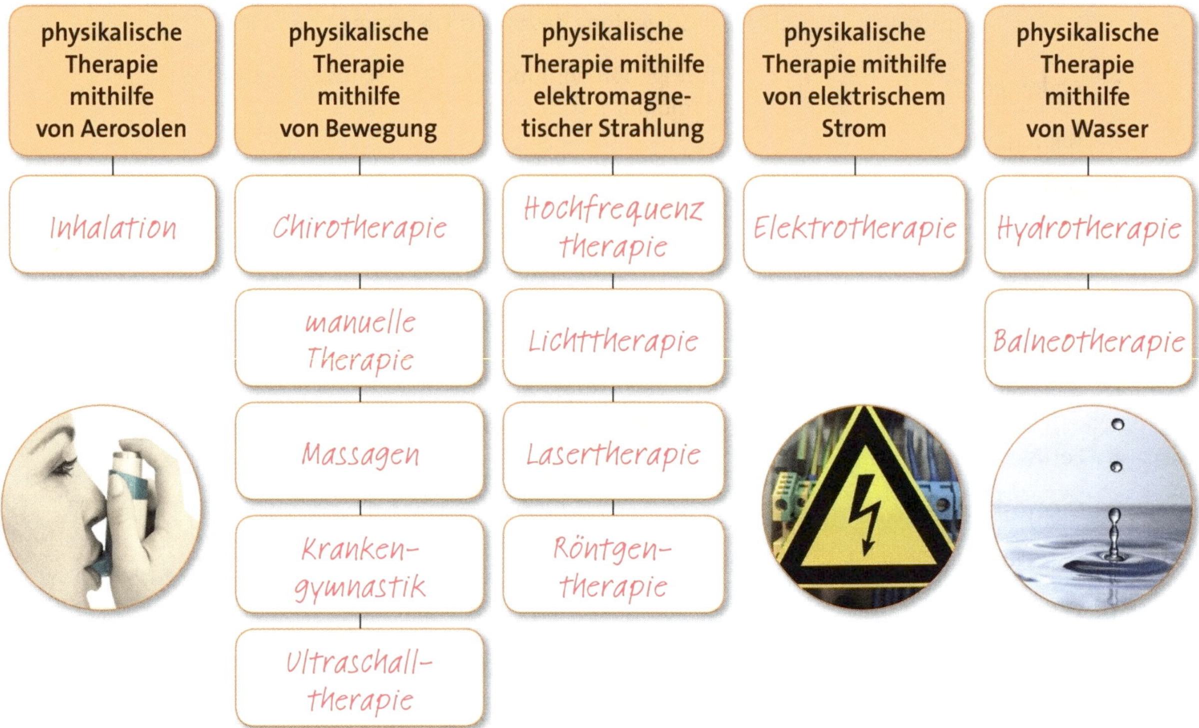

2. Ergänzen Sie die Angaben zur Wärmetherapie in der abgebildeten Karteikarte.

Wärmetherapie

Allgemeine Wirkung: Erweiterung der Blutgefäße in der Haut, dadurch verstärkte Durchblutung, evtl. mit Rötung

Herz-Kreislauf-System → s. o., Blutdruck sinkt

Stoffwechsel → bessere Versorgung mit Nährstoffen und Sauerstoff

Muskulatur → entspannt sich, Krämpfe werden gelöst

Nervensystem → durch die Entspannung der Muskulatur weniger Druck auf beengte Nerven

Immunsystem → schnelle Abwehrreaktion des Körpers, die Phagozytose wird gesteigert

Indikationen: Erkrankungen des Bewegungssystems wie z. B. Arthrosen, M. Bechterew, Muskelverspannungen, chronische Entzündungen von Gelenken

Kontraindikationen: Herz-Kreislauf-Erkrankungen, Blutungen oder Blutungsneigung, Thrombosen, hochfieberhafte Infekte, akute Entzündungen

Indikationen bei akuten Entzündungen: bei Nasennebenhöhlenentzündungen verbessert Wärme die Durchblutung und führt zu einer schnelleren Heilung; beginnende Mittelohrentzündung ohne Komplikationen kann mit trockener Wärme behandelt werden

Beispiele für trockene Wärme: Wärmflasche, Heizkissen, Rotlicht

Beispiele für feuchte Wärme: heiße Wickel, Fangopackungen, Sauna, Dampfbad

AB 37 Kältetherapie, Elektrotherapie

1. Ergänzen Sie im Text zur Kältetherapie die Lücken.

Kälte verengt *Blut- und Lymphgefäße*, die Haut wird *schwächer* durchblutet, Schwellungen und Schmerzen *verringern* sich. Körpereigene Entzündungsstoffe werden *gehemmt*. Bei *Verletzungen* können durch Kälte Blutungen verringert werden. Die Kälte muss *tief* in den Körper eindringen, deshalb dauert eine Kältetherapie *20 bis 30 Minuten*. Die Kälte darf nie direkt auf die *Haut* kommen, die Haut muss immer geschützt sein, z. B. durch Tücher.

2. Lösen Sie das Kreuzworträtsel zur Elektrotherapie. Die Buchstaben in den farbig unterlegten Kästchen ergeben von oben nach unten gelesen ein Lösungswort.

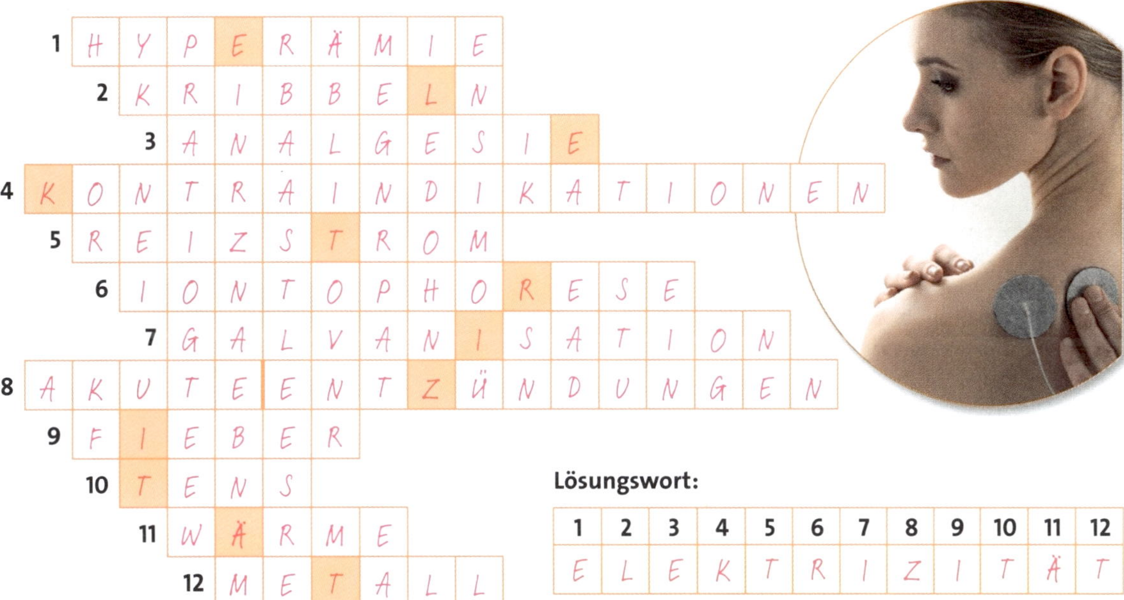

1	2	3	4	5	6	7	8	9	10	11	12
E	L	E	K	T	R	I	Z	I	T	Ä	T

1 Fachausdruck für die verstärkte Durchblutung im Gewebe
2 Dies soll der Patient spüren, wenn er mit elektrischem Strom behandelt wird.
3 Fachausdruck für die schmerzlindernde Wirkung der Elektrotherapie
4 Elektrotherapie darf z. B. nicht bei Fieber oder akuten Entzündungen angewendet werden, es handelt sich hierbei um ...
5 Bei dieser Therapieform fließt der Gleichstrom mit winzigen Pausen in eine Richtung.
6 Bei dieser Therapieform werden Medikamente tief unter die Haut mithilfe von Gleichstrom eingebracht.
7 Diese Art der Elektrotherapie wird auch im Wasserbad angewendet.
8 Bei diesen Erkrankungen an der zu behandelnden Stelle darf Elektrotherapie nicht angewendet werden. (2 Worte)
9 Dies ist eine Kontraindikation für die Anwendung der Elektrotherapie.
10 Die Abkürzung steht für die Anregung der Nerven durch die Haut mithilfe von elektrischem Strom. Diese Therapie kann vom Patienten selbst durchgeführt werden.
11 Eine der positiven Wirkungen der Elektrotherapie
12 Wer Implantate aus diesem Stoff im Körper hat, darf nicht mit Elektrotherapie behandelt werden.

AB 38 Elektrotherapie, Lichttherapie

1. Nennen Sie fünf Vorsichtsmaßnahmen bei der Elektrotherapie, die für den Patienten wichtig sind.

- Während der Therapie muss die MFA in Rufnähe des Patienten bleiben.
- Der Patient sollte im Notfall das Gerät selbst abstellen können.
- Die MFA sollte den Patienten während der Therapie häufiger nach dem Befinden fragen.
- Wenn es dem Patienten während der Therapie nicht gut geht, muss die MFA den Arzt benachrichtigen.
- Wenn der Patient über Missempfindungen klagt, muss die MFA die Therapie sofort abbrechen.

2. Eine besondere Form der Elektrotherapie ist die Hochfrequenz-Wärmetherapie (HF-Therapie). Welche beiden Methoden der HF-Therapie werden in der Praxis angewendet?

Die Kurzwellentherapie und die Mikrowellentherapie.

3. Welche Gewebearten werden bei der Kurzwellentherapie besonders gut erwärmt?

Methode	Gewebe
Kondensatorfeldmethode	Fettgewebe
Spulenfeldmethode	Muskelgewebe

4. Welche Personen dürfen nicht mit HF-Therapie behandelt werden?

- Patienten mit elektronischen Implantaten wie z. B. Herzschrittmachern oder Hörgeräten
- Patienten mit Metallimplantaten, die man nicht ohne Aufwand entfernen kann, z. B. künstliche Hüftgelenke, Spirale

5. In den abgebildeten Kästchen finden Sie Aussagen zur Lichttherapie und zur UV-Therapie. Streichen Sie die falschen Aussagen durch.

~~Sonnenlicht ist eine unsichtbare Strahlung.~~

Infrarotstrahlung wird auf der Haut als warm empfunden.

UV-Strahlung ist nicht sichtbar.

~~UV-Strahlen erzeugen eine starke Wärmewirkung auf der Haut.~~

Sonnenlicht wird z. B. bei Hautkrankheiten als Therapie eingesetzt.

~~Die UV-A-Strahlung ist energiereicher als die UV-B-Strahlung.~~

UV-B-Strahlung fördert die Vitamin-D-Bildung im Körper.

UV-A-Strahlung wird z. B. in Solarien angewendet.

~~Im Gebirge ist die UV-B-Strahlung geringer als im Flachland.~~

~~UV-Strahlen können nicht überdosiert werden.~~

AB 39 Lasertherapie, Inhalationstherapie

1. Kreuzen Sie an, ob die Aussagen zur Lasertherapie richtig oder falsch sind.

	Richtig	Falsch
Laserstrahlen bestehen aus einer Wellenlänge.	X	
Laserstrahlen sind energiearm.		X
Laserstrahlen werden z. B. zum Abtragen von Muttermalen verwendet.	X	
Laserstrahlen werden in der Augenheilkunde eingesetzt, z. B. zum Verschweißen der Netzhaut.	X	
Laserstrahlung hat die gleichen Eigenschaften wie natürliches Licht, z. B. Sonnenlicht.		X

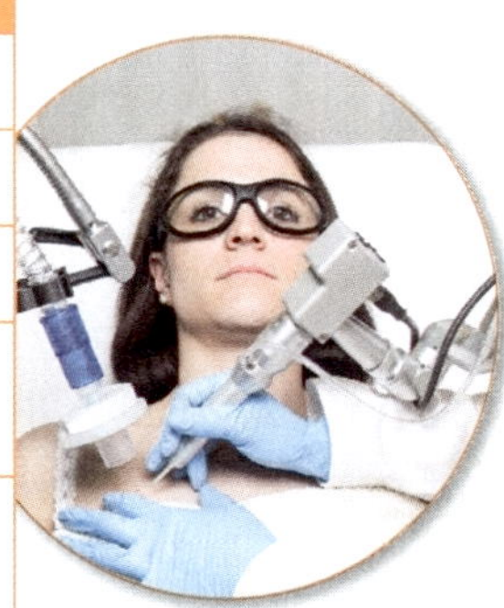

2. Nennen und beschreiben Sie die Therapieform, für die das hier abgebildete Gerät verwendet wird.

Bezeichnung: Inhalationstherapie

Beschreibung: Bei der Inhalationstherapie werden feste oder flüssige Bestandteile zu medizinischen Zwecken eingeatmet.

3. Welche Erkrankungen können mit Inhalationen behandelt werden?

Atemwegserkrankungen

4. Was versteht man unter einem Dosieraerosol?

Es handelt sich um kleine Spraydosen, die bei jedem Sprühstoß die gleiche Menge an Medikamenten abgeben.

5. Nennen Sie die Wirkungen einer Inhalationstherapie.

- Die Atemwege werden befeuchtet.
- Zäher Schleim wird flüssiger.
- Das Abhusten wird erleichtert.
- Die Atemwege werden eventuell erweitert.
- Schwellungen und Entzündungen der Atemwege gehen zurück.

6. Was ist der Vorteil einer Inhalationstherapie gegenüber einer oralen Therapie, z. B. mit Tabletten?

- Das Medikament gelangt durch die Inhalation direkt in das erkrankte Organ.
- Es kann eventuell mit einer geringeren Dosis an Medikamentenwirkstoff gearbeitet werden.
- Es gibt keine Nebenwirkungen im Bereich des Magen-Darm-Traktes.

AB 40 Ultraschalltherapie; Fachworttrainer physikalische therapeutische Verfahren

1. Lesen Sie den Text zur Ultraschalltherapie durch und markieren Sie die falschen Aussagen. Korrigieren Sie die Aussagen in der Tabelle unter dem Text.

Für die Ultraschalltherapie werden die ~~gleichen~~ Geräte verwendet wie für die Diagnostik. Die Schallwellen erzeugen in den ~~oberflächlichen~~ Gewebsschichten winzige Schwingungen, die man Mikrovibrationen nennt. Diese Mikrovibrationen erzeugen Reibung und dadurch erwärmt sich das Gewebe. Die Durchblutung wird ~~verringert~~, die Muskulatur entspannt sich. Die Ultraschalltherapie kann z. B. bei ~~akuten~~ entzündlichen und degenerativen Erkrankungen eingesetzt werden. Hierzu gehören z. B. Rheuma, Tennisellenbogen und Sehnenscheidenentzündungen. Bestimmte Körperregionen dürfen nicht mit Ultraschall behandelt werden, z. B. das Herz, die Leber und die Milz. Auch Blutgerinnungsstörungen, Osteoporose, Thrombosen und bösartige Tumore sind ~~Indikationen~~ für die Behandlung.

Zeile	Korrektur
1	Es werden verschiedene Geräte verwendet.
2	Die Schallwellen erzeugen in den tiefen Gewebsschichten Schwingungen.
4	Die Durchblutung wird verstärkt.
5	Die Ultraschalltherapie wird bei chronischen Entzündungen eingesetzt.
8	Die genannten Krankheiten sind Kontraindikationen für eine Ultraschallbehandlung.

2. Fachworttrainer: Tragen Sie für die Beschreibungen die deutsche Übersetzung bzw. den Fachbegriff ein.

Fachbegriff	Beschreibung
Aerosol	Medikament, das als kleinste feste oder flüssige schwebende Teilchen eingeatmet wird.
Analgesie	Schmerzfreiheit
Chirotherapie	Behandlung mit den Händen
Galvanisation	Behandlung, bei der schwacher Gleichstrom durch den Körper geleitet wird.
Hochfrequenztherapie	Behandlung mit elektromagnetischen Wellen mit einer Frequenz von über 100 000 Hz
Hyperämie	verstärkte Durchblutung im Gewebe

Beschreibung	Fachbegriff
In den Körper eingesetztes ‚Ersatzteil' für ein Organ oder Organteil, das nicht mehr funktioniert.	Implantat
Einatmung von Medikamenten	Inhalation
Behandlung, bei der mithilfe von Gleichstrom Medikamente durch die Haut in den Körper eingebracht werden.	Iontophorese
chirurgische Behandlung mit Kälte	Kryochirurgie
Lichtstrahlen mit einer einzigen Wellenlänge mit hoher Lichtenergie	Laser
mit der Hand	manuell
Vernichten von z. B. Krankheitserregern durch bestimmte Leukoyztenarten	Phagozytose
nicht hörbarer Schall ab einer Frequenz von über 16 000 Hz	Ultraschall

AB 41 Injektionen, Injektionstechniken

1. Bei Injektionen wie auch bei Infusionen werden Medikamente unter Umgehung des Magen-Darm-Traktes in den Körper des Patienten verabreicht. Worin liegt der Unterschied zwischen einer Injektion und einer Infusion?

Von einer Injektion spricht man, wenn weniger als 20 ml gespritzt werden, von einer Infusion, wenn mehr als 20 ml verabreicht werden.

2. Nennen Sie Vorteile und Risiken von Injektionen.

Vorteile	Risiken
Die Wirkung tritt schnell ein.	Wenn man ein Medikament zu schnell injiziert, kann es zu Schwindel, Übelkeit usw. kommen.
Man kann das Arzneimittel genau dosieren.	Patienten können evtl. allergisch auf das gespritzte Medikament reagieren.
Injektionen können auch bei Bewusstlosen verabreicht werden.	Falsche Injektionsarten können den Patienten schädigen.
Der Patient muss nicht mitarbeiten.	Es kann zu einem Spritzenabszess kommen.

3. Injektionen werden mithilfe von Spritzen verabreicht. Beschriften Sie die abgebildete Spritze.

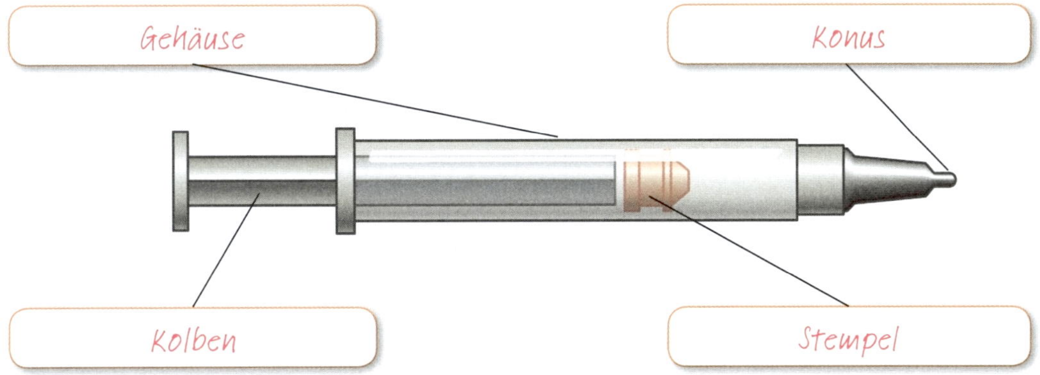

4. Es gibt unterschiedliche Injektionstechniken. Füllen Sie die Lücken in der Tabelle.

	Bezeichnung	Abkürzung	Wohin wird injiziert?
1	intraarteriell	i.a.	in die Arterie
2	intraarticulär	--	in das Gelenk
3	intracutan	i.c.	in die Haut
4	intramuskulär	i.m.	in die Muskulatur
5	intravenös	i.v.	in die Vene
6	subcutan	s.c.	unter die Haut (in das Unterhautfettgewebe)

AB 42 Injektionsarten, Regeln und Fehler bei Injektionen

1. In der Abbildung sehen Sie verschiedene Injektionsarten. Beschriften Sie diese.

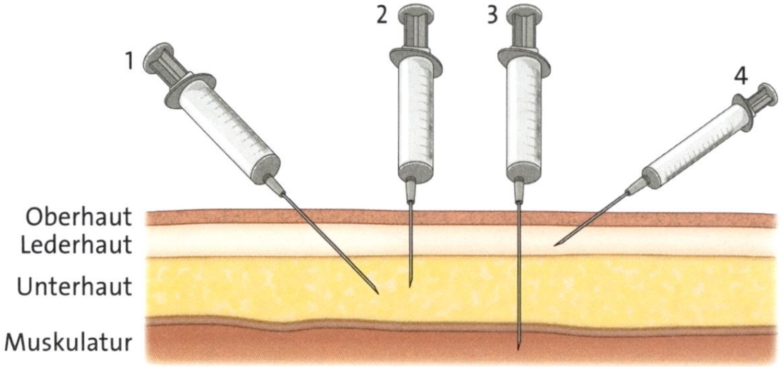

1	s.c.-Injektion
2	s.c.-Injektion
3	i.m.-Injektion
4	i.c.-Injektion

2. Vervollständigen Sie die Sätze mit den Regeln zur Vorbereitung einer Injektion.

Die Ampulle mit dem Arzneimittel muss z. B. auf Verfärbungen und Trübungen kontrolliert werden. Im Kopf der Ampulle darf keine Injektionslösung sein.

Beim Öffnen einer Brechampulle schützt man Daumen und Zeigefinger mit einem Tupfer.

Wenn der Ampullenhals zerbricht, muss die Ampulle weggeworfen werden, weil evtl. Glassplitter in die Injektionslösung gelangt sind.

Zum Aufziehen der Injektionslösung nimmt man eine Kanüle, die man nicht für die Injektion verwenden darf.

Luft in der Spritze muss vorsichtig herausgedrückt werden, bis ein winziger Tropfen der Injektionslösung an der Kanülenspitze sichtbar wird.

Vor der Injektion setzt man eine neue Kanüle auf die Spritze.

Die Schutzkappe wird nach der Injektion nicht wieder auf die Kanüle gestülpt.

3. Welche Folgen kann ein Fehler bei folgenden Injektionen haben?

intramuskuläre Injektion	Es kann sich bei mangelnder Hygiene ein Spritzenabszess bilden; bei Injektionen in das Fettgewebe statt in die Muskulatur kann es zu Nekrosen kommen; bei der Verletzung von Nerven kann es zu starken Schmerzen und zu Bewegungseinschränkungen kommen; wenn ein Gefäß getroffen wird, können sich Hämatome bilden.
intravenöse Injektion	Wenn durch die Vene durchgestochen wird, kann das umliegende Gewebe durch die Injektionslösung geschädigt werden. Es kann zu Schmerzen kommen, außerdem zu Rötungen und Schwellungen.
subcutane Injektion	Wenn man Injektionslösungen spritzt, die nicht für eine s.c.-Injektion geeignet sind, kann sich das Unterhautfettgewebe entzünden.

AB 43 Injektionen s.c. und i.m.

1. Sie sollen eine subcutane Injektion vorbereiten und durchführen. Setzen Sie die vorgegebenen Sätze in der korrekten Reihenfolge in das abgebildete Ablaufschema ein.

| Arzneimittel langsam injizieren | Einstichstelle evtl. mit einem Pflaster versorgen | Einwirkzeit abwarten, währenddessen Handschuhe anziehen | | Hände desinfizieren | Haut des Patienten desinfizieren | | Haut im Winkel zwischen 45 und 90 Grad punktieren | | Kanüle herausziehen | Materialien bereitlegen | | mit Daumen und Zeigefinger eine Hautfalte bilden | | mit einem Tupfer leicht auf die Einstichstelle drücken | | nach der Injektion Kanüle noch 10 Sekunden in der Haut lassen | Spritze vorbereiten |

1. Hände desinfizieren
2. Materialien bereitlegen
3. Spritze vorbereiten
4. Haut des Patienten desinfizieren
5. Einwirkzeit abwarten, währenddessen Handschuhe anziehen
6. mit Daumen und Zeigefinger eine Hautfalte bilden
7. Haut im Winkel zwischen 45 und 90 Grad punktieren
8. Arzneimittel langsam injizieren
9. nach der Injektion Kanüle noch 10 Sekunden in der Haut lassen
10. Kanüle herausziehen
11. mit einem Tupfer leicht auf die Einstichstelle drücken
12. Einstichstelle evtl. mit einem Pflaster versorgen

2. Sie sollen eine i.m.-Injektion vorbereiten und bitten die Auszubildende in Ihrer Praxis, alle Materialien bereitzulegen. Kontrollieren Sie die Materialien und streichen Sie durch, was man nicht für eine i.m.-Injektion benötigt.

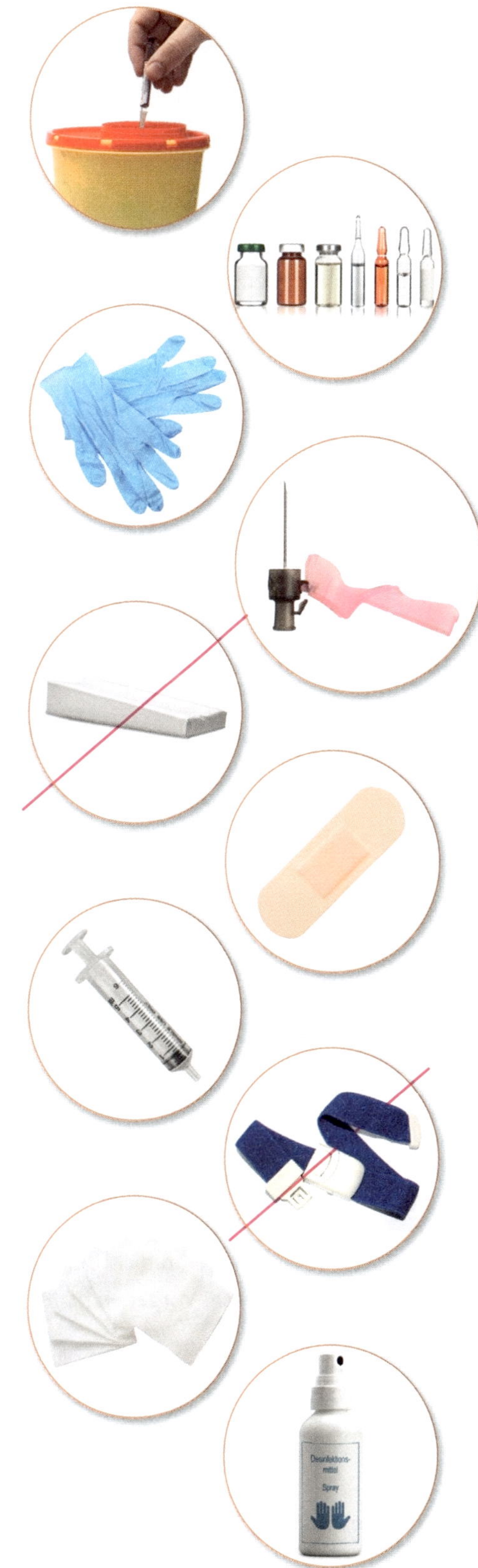

AB 44 Injektionen nach von Hochstetter, Injektionen i.v.

1. Kontrollieren Sie, ob die Aussagen zur i.m.-Injektion nach von Hochstetter korrekt sind oder nicht. Korrigieren Sie falsche Aussagen unter der Tabelle.

		Richtig	Falsch
1	Die i.m.-Injektion nach von Hochstetter heißt auch ventrogluteale Injektion.	X	
2	Die Injektion ist nur am stehenden Patienten möglich.		X
3	Um die Einstichstelle zu finden, tastet man mit dem Zeigefinger nach dem unteren vorderen Darmbeinstachel und geht mit dem Mittelfinger am Beckenkamm entlang.		X
4	Man injiziert in das Hautviereck, das durch Zeige- und Mittelfinger begrenzt wird.		X
5	Die Spritze wird fast senkrecht eingestochen.	X	
6	Man aspiriert, um sich zu überzeugen, dass man kein Gefäß getroffen hat.	X	
7	Man injiziert das Mittel schnell und zieht die Kanüle langsam aus dem Gewebe.		X
8	Man führt mit dem Tupfer über der Einstichstelle kreisende Bewegungen durch, um das Medikament im Gewebe zu verteilen.	X	

Zeile	Korrektur
2	Die Injektion ist auch bei Patienten möglich, die auf dem Rücken oder seitlich liegen.
3	Man ertastet den oberen vorderen Darmbeinstachel.
4	Man injiziert in das Hautdreieck.
7	Man injiziert das Medikament langsam und zieht die Kanüle schnell aus dem Gewebe.

2. Lösen Sie das Silbenrätsel zur i.v.-Injektion.

| ar | be | ben | bin | ckern | de | des | fek | fen | fer | Haut | in | Keil | kis | klop |
| lo | nen | o | Pflas | ruck | sen | Stau | ter | tion | tig | Tup | Ve |

1 Venen
Diese Gefäße im Bereich der Arme werden für die i.v.-Injektion am häufigsten benutzt.

2 Keilkissen
Es hilft, den Arm, der punktiert werden soll, stabil zu lagern.

3 beklopfen
Wenn man das Gefäß nicht sehen oder ertasten kann, kann dieses Vorgehen helfen.

4 Staubinde
Sie wird etwa 5 cm oberhalb der Einstichstelle angelegt.

5 Hautdesinfektion
Sie muss vor dem Punktieren durchgeführt werden, um das Risiko einer Infektion zu vermeiden.

6 oben
Der Anschliff der Kanülenspitze muss in diese Richtung zeigen.

7 lockern
Wenn man das Gefäß getroffen, hat, muss man dies mit der Staubinde machen.

8 ruckartig
So muss man die Kanüle nach der Injektion herausziehen.

9 Tupfer
Hiermit drückt man nach der Injektion auf die Einstichstelle.

10 Pflaster
Dies erhält der Patient nach der Injektion.

AB 45 6-R-Regel und Hygiene bei der Injektion, Durchführung einer Infusion

1. Was besagt die 6-R-Regel der Injektion? Ergänzen Sie.

2. Warum ist das Einhalten der 6-R-Regel so wichtig?

Wenn die 6-R-Regel nicht eingehalten wird, kann der Patient zu Schaden kommen und die Praxis z. B. wegen einer falschen Behandlung verklagt werden.

3. Welche Hygienemaßnahmen müssen Sie als MFA vor, während und nach einer subcutanen oder intramuskulären Injektion beachten?

Vor der Injektion	• Hände desinfizieren
Während der Injektion	• die Haut des Patienten mit einem Hautdesinfektionsmittel desinfizieren, dabei die Einwirkzeit von 30 Sekunden beachten • eventuell Handschuhe tragen
Nach der Injektion	• Handschuhe ausziehen • Hände desinfizieren

4. Nennen Sie Indikationen für die Durchführung einer Infusion.

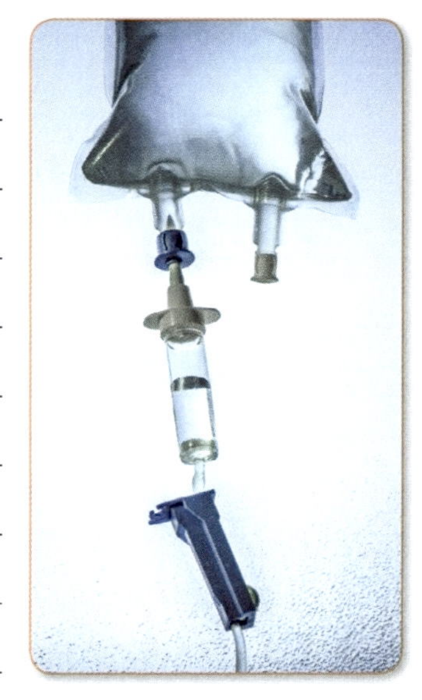

- Es können Elektrolyte verabreicht werden, z. B. wenn ein Schockzustand vorliegt.
- Der Wasser-Salz-Haushalt kann reguliert werden.
- Man kann hoch dosierte Medikamente verabreichen, z. B. bei einer Antibiotikatherapie.
- Man kann Nährstoffe zuführen, falls der Patient nicht selbst essen kann.
- Man kann Kontrastmittel verabreichen.

AB 46 Materialien für eine Infusion, Risiken einer Infusion

1. Benennen Sie die Materialien, die man zur Vorbereitung und Durchführung einer Infusion benötigt.

	Abwurfbehälter		Infusionsbesteck
	Einmalhandschuhe		Infusionsflasche oder -beutel
	eventuell Arzneimittel in Ampullen		Pflaster
	Filzstift zum Beschriften		Stauschlauch
	Fixierpflaster		Tupfer
	Hautdesinfektionsmittel		Venenverweilkanüle/ Dauerkanüle

2. Nennen Sie mögliche Risiken einer Infusion.

- Es kann zu lokalen Schäden wie entzündete Venen, Hämatomen, Infektionen und Gewebsuntergang kommen, z. B. wenn die Infusion nicht in die Vene läuft, sondern in das umliegende Gewebe.
- Es können allgemeine Reaktionen wie allergische Reaktionen auftreten.
- Wenn der Patient nicht ausreichend informiert und aufgeklärt wird, kann es zu Unfällen kommen, z. B. durch umfallende Infusionsständer oder zu geringe Sicherung des Patientenarmes.

AB 47 Fachworttrainer Injektion und Infusion

1. Lösen Sie das Rätsel zu den Fachbegriffen. Gleiche Ziffern bedeuten gleiche Buchstaben.
Ä = ae, Ö = oe, Ü = ue

1	I	N	J	E	K	T	I	O	N					
	9	14	10	5	11	20	9	15	14					
	Einspritzung													
2	R	E	C	A	P	P	I	N	G					
	18	5	3	1	16	16	9	14	7					
	englischer Begriff für das Überstülpen des Kanülenschutzes nach einer Injektion													
3	S	U	B	C	U	T	A	N						
	19	21	2	3	21	20	1	14						
	unter die Haut													
4	A	S	P	I	R	A	T	I	O	N				
	1	19	16	9	18	1	20	9	15	14				
	Ansaugen einer Substanz, z. B. um festzustellen, dass man kein Gefäß getroffen hat													
5	K	A	N	U	E	L	E							
	11	1	14	21	5	12	5							
	Hohlnadel													
6	I	N	T	R	A	C	U	T	A	N				
	9	14	20	18	1	3	21	20	1	14				
	in die Haut													
7	I	N	T	R	A	M	U	S	K	U	L	A	E	R
	9	14	20	18	1	13	21	19	11	21	12	1	5	18
	in das Muskelgewebe													
8	I	N	T	R	A	A	R	T	E	R	I	E	L	L
	9	14	20	18	1	1	18	20	5	18	9	5	12	12
	in eine Schlagader													
9	F	I	X	I	E	R	P	F	L	A	S	T	E	R
	6	9	24	9	5	18	16	6	12	1	19	20	5	18
	spezielles Befestigungsmaterial für eine Dauerkanüle													
10	V	E	N	T	R	O	G	L	U	T	E	A	L	
	22	5	14	20	18	15	7	12	21	20	5	1	12	
	andere Bezeichnung für die Injektion nach von Hochstetter													
11	E	L	E	K	T	R	O	L	Y	T	E			
	5	12	5	11	20	18	15	12	25	20	5			
	Mineralstoffe													
12	K	O	N	U	S									
	11	15	14	21	19									
	Ansatzstück einer Spritze für die Kanüle													
13	P	U	N	K	T	I	O	N						
	16	21	14	11	20	9	15	14						
	Einstich in Körpergewebe													
14	A	M	P	U	L	L	E							
	1	13	16	21	12	12	5							
	kleines Glas- oder Kunststofffläschchen für Medikamente													
15	I	N	T	R	A	V	E	N	O	E	S			
	9	14	20	18	1	22	5	14	15	5	19			
	in die Vene													

AB 48 Verbandsarten

1. Füllen Sie die Lücken im Text zu den Aufgaben von Verbänden.

Verbände schützen vor Infektionen. Sie halten Wundauflagen und üben Druck auf Blutungen aus. Bei Venenerkrankungen komprimieren sie die Gefäße und sorgen so für eine Entlastung. Bei Gelenk- oder Knochenverletzungen stützen sie und sorgen für eine Ruhigstellung.

2. Ordnen Sie die Aussagen den Verbandarten zu. Verbinden Sie durch Linien.

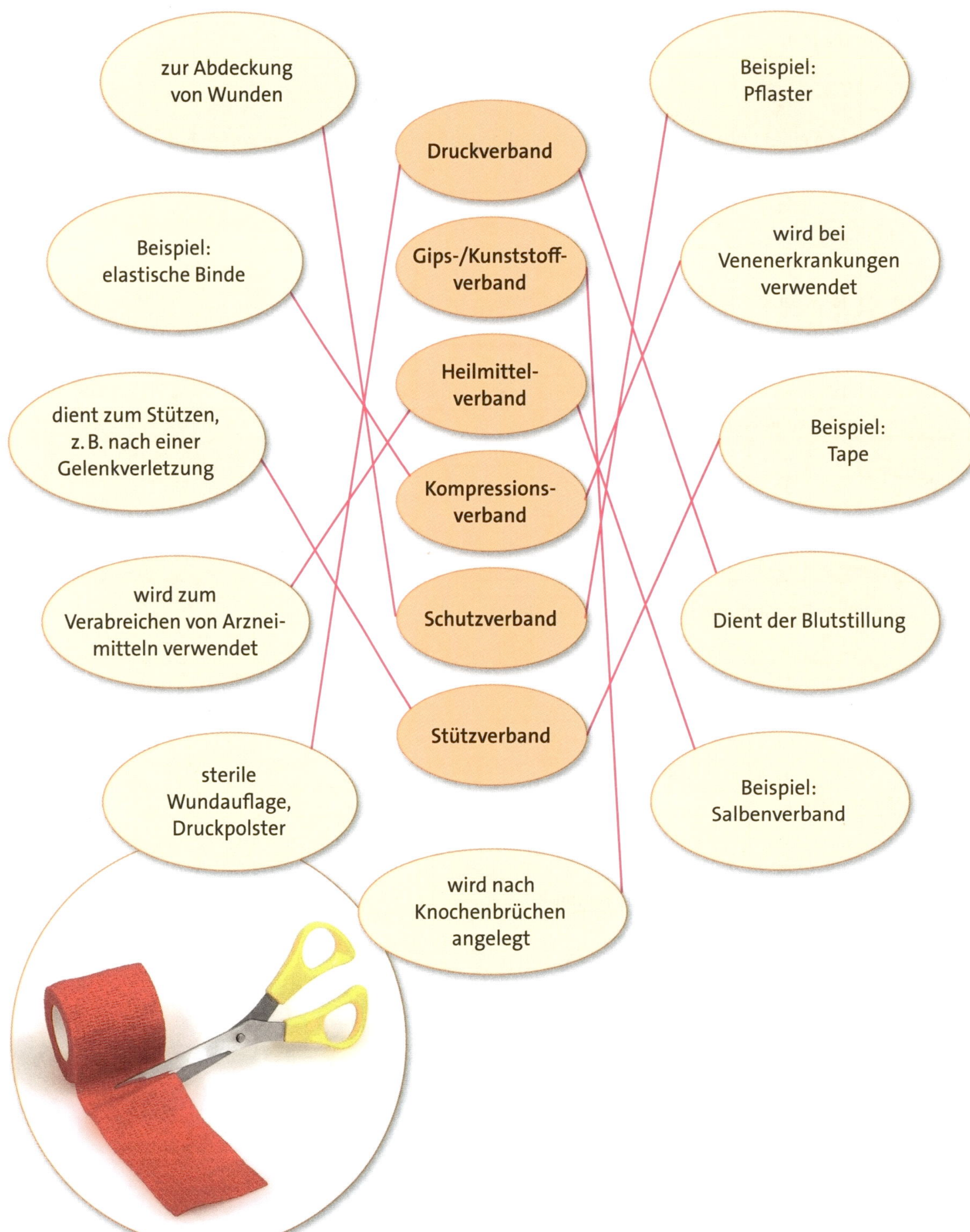

AB 49 Verbände anlegen, Heil- und Hilfsmittel

1. Nennen Sie Regeln für die Größe, das Anlegen und das Entfernen von Bindenverbänden.

- Die verwendeten Binden haben den Durchmesser des zu verbindenden Körperteils.
- Ein Verband muss so fest gewickelt werden, dass er nicht abrutscht.
- Er darf nicht so fest gewickelt sein, das er abschnürt.
- Es wird immer in Richtung Herz gewickelt.
- Jeder Verband beginnt mit Kreisgängen und endet mit ihnen.
- Der Patient muss darüber aufgeklärt werden, wann er den Arzt wieder aufsuchen muss: wenn z. B. die Finger blau werden, wenn er Schmerzen, ein Taubheitsgefühl oder ein Kribbeln verspürt.
- Jeder abgenommene Verband ist als infiziert zu betrachten, deshalb sollte man beim Abnehmen mit Handschuhen arbeiten.

2. Tragen Sie die Bezeichnungen für die abgebildeten Verbände ein. Üben Sie die Verbände mit einer Partnerin.

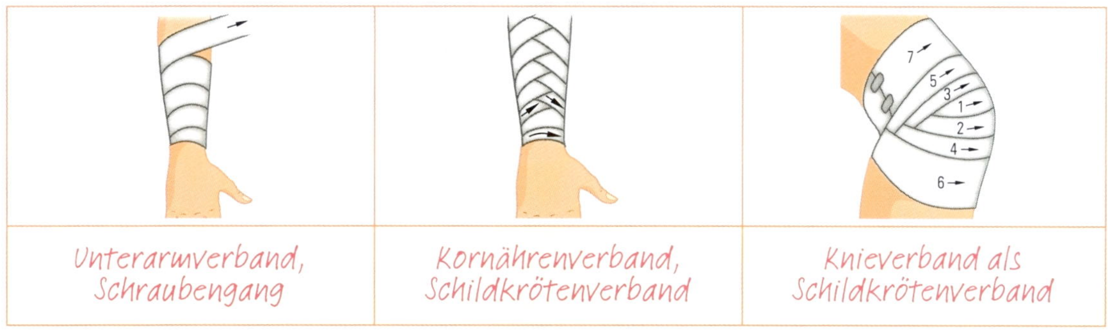

3. An welchen Körperstellen setzt man Schlauchverbände ein?

an Fingern, Zehen, Unterarmen und Unterschenkeln, z. B. unter einem Gipsverband

4. Was versteht man unter einem Heilmittel und was unter einem Hilfsmittel?

Ein Heilmittel ist eine medizinische Leistung oder Behandlung, die dazu beitragen soll, eine Krankheit zu heilen, zu verhindern oder dafür zu sorgen, dass sie sich nicht verschlimmert. Ein Hilfsmittel soll Behinderungen ausgleichen, z. B. ein Hörgerät soll für ein besseres Hörvermögen sorgen.

5. Kreuzen Sie an, ob es sich um ein Heilmittel oder Hilfsmittel handelt.

	Heilmittel	Hilfsmittel
Physiotherapie	X	
Gehstock		X
Inhalationsgerät		X
Pflegebett		X

	Heilmittel	Hilfsmittel
Hörgerät		X
Logopädie	X	
Prothesen		X
Ergotherapie	X	

AB 50 Arzneimittel

1. Erklären Sie die folgenden Begriffe, die häufig im Zusammenhang mit Arzneimitteln genannt werden.

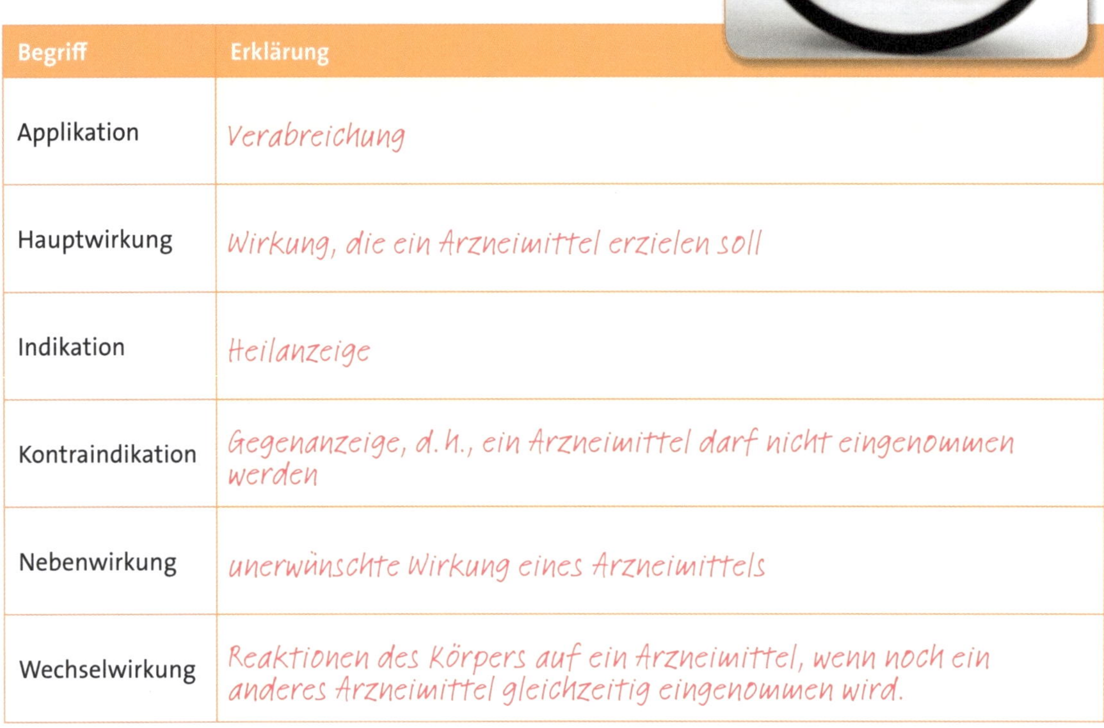

Begriff	Erklärung
Applikation	Verabreichung
Hauptwirkung	Wirkung, die ein Arzneimittel erzielen soll
Indikation	Heilanzeige
Kontraindikation	Gegenanzeige, d. h., ein Arzneimittel darf nicht eingenommen werden
Nebenwirkung	unerwünschte Wirkung eines Arzneimittels
Wechselwirkung	Reaktionen des Körpers auf ein Arzneimittel, wenn noch ein anderes Arzneimittel gleichzeitig eingenommen wird.

2. Ordnen Sie den Arten von Arzneimitteln die Aussagen zu. Verbinden Sie durch Linien.

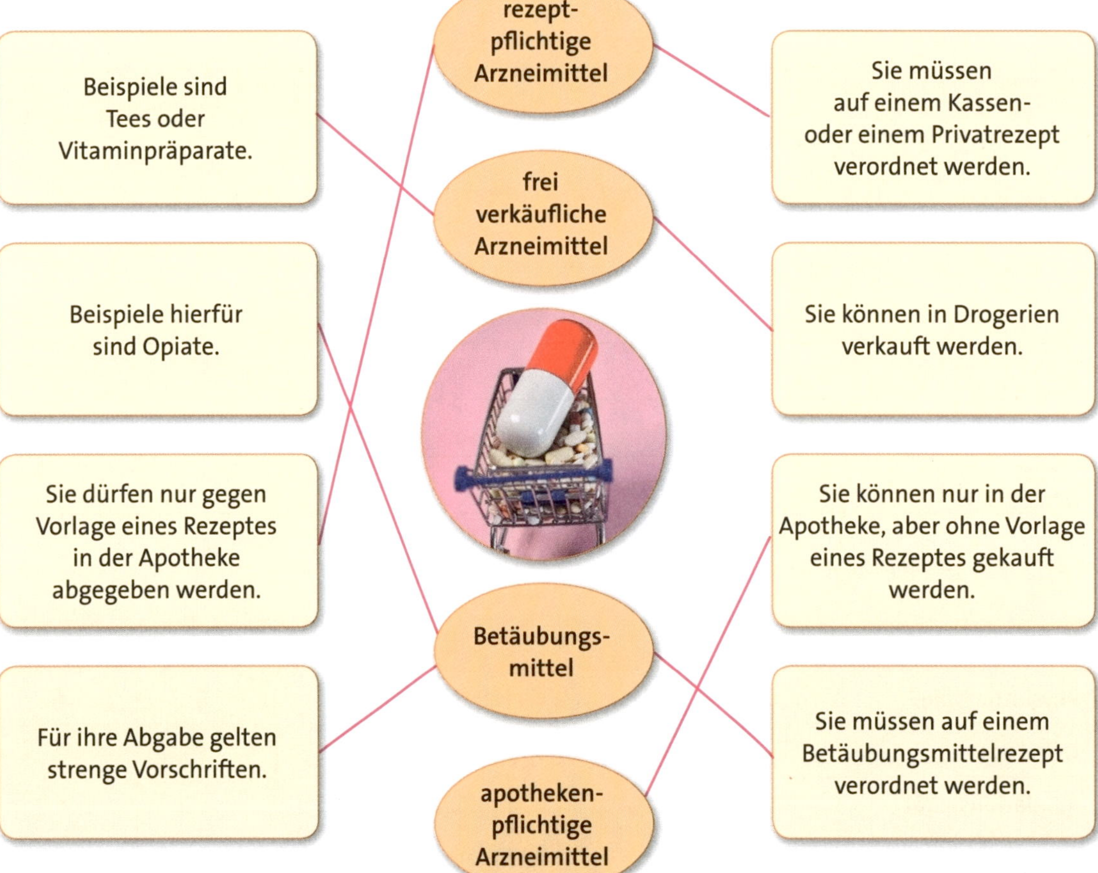

AB 51 Arzneimittelformen, Applikationsarten, Nebenwirkungen

1. Finden Sie 15 verschiedene Arzneimittelformen im Rätselfeld.

T	A	B	L	E	T	T	E	E	R	A	M	U	T	S	P	A	L
I	B	A	Ö	F	N	D	R	A	G	E	E	U	T	E	U	R	O
N	M	A	S	T	E	I	N	T	P	R	I	E	G	E	L	O	L
K	Ä	M	U	M	A	N	D	E	L	O	R	A	N	G	V	E	T
T	U	E	N	S	T	I	C	E	R	S	M	E	N	S	E	S	C
U	H	Z	G	O	N	O	R	S	E	O	O	L	S	I	R	U	P
R	I	G	A	R	C	H	E	M	U	L	S	I	O	N	E	S	E
X	T	R	A	S	U	P	M	E	R	B	A	E	S	E	I	P	N
T	Z	Ä	P	F	C	H	E	N	R	A	L	B	E	N	R	E	I
I	E	N	A	K	O	S	M	E	T	I	B	K	S	C	G	N	U
L	E	T	S	A	N	T	K	A	P	S	E	L	T	E	E	S	L
W	R	E	T	S	O	N	S	T	I	G	E	S	R	E	Z	I	P
T	W	I	E	R	K	U	G	U	M	Z	T	P	O	I	Ä	O	M
Ö	A	S	E	R	T	Z	U	I	O	P	Ü	Ö	L	K	J	N	G

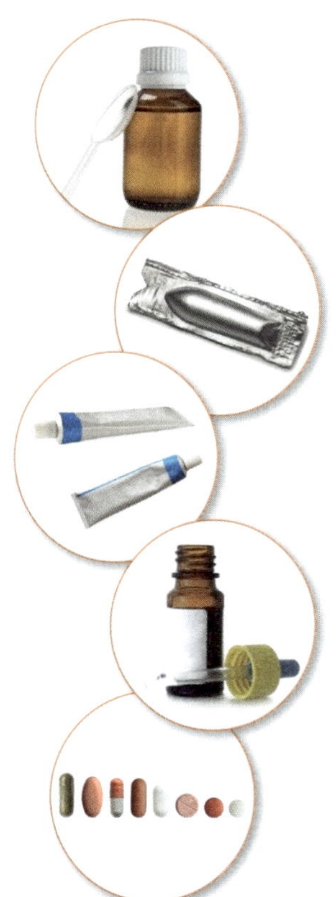

2. Ordnen Sie die Arzneimittel den Applikationsarten zu. Kreuzen Sie an.

	Salbe	intravenöse Injektion	Tablette	Puder	Pflaster	Inhalation	Infusion	Hustensaft	Augentropfen
lokale Applikation	X			X	X				X
enterale Applikation			X					X	
parenterale Applikation		X				X	X		

3. Nennen Sie mögliche Nebenwirkungen von Arzneimitteln.

	Nebenwirkung(en)
Herz-Kreislauf-System	Bradykardie, Tachykardie
Verdauungssystem	Durchfall, Verstopfung, Erbrechen, Magenschmerzen
Nervensystem	Kribbeln, Taubheitsgefühle
Blut	Verminderung der Zahl der Leukozyten
Psyche	Euphorie, Halluzinationen
Überempfindlichkeitsreaktionen	allergischer Schock
Schädigungen von Ungeborenen	Fehlbildungen, Organschäden

AB 52 Umgang mit Arzneimitteln

1. Sie sollen Ihrer neuen Auszubildenden die Regeln für den Umgang mit Arzneimitteln in der Arztpraxis nennen. Nutzen Sie dafür die Sprechblasen.

Betäubungsmittel müssen in einem besonders gesicherten, abschließbaren Schrank gelagert werden, den Schlüssel hierfür hat der Arzt.

Wir müssen Arzneimittel nach Packungsvorschrift lagern, z. B. Impfstoffe gehören in den Kühlschrank.

Wir müssen Arzneimittel regelmäßig auf ihr Verfallsdatum kontrollieren.

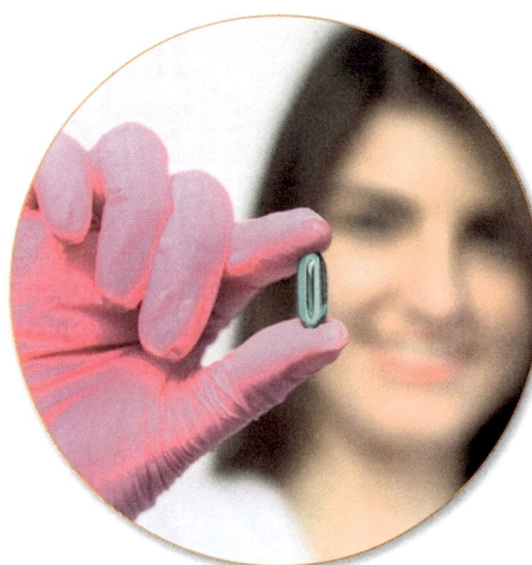

Arzneimittel müssen immer in der Originalverpackung zusammen mit dem Beipackzettel aufbewahrt werden.

Die MFA darf Arzneimittel nicht ohne Anordnung des Arztes an Patienten ausgeben.

Wir müssen Arzneimittel in einem abschließbaren Schrank unterbringen, der für Patienten unzugänglich ist.

Ältere Arzneimittel stehen bei uns vorn im Schrank, die neueren mit späterem Verfallsdatum dahinter.

Wir müssen Arzneimittel systematisch ordnen, z. B. alphabetisch oder nach Indikationen.

AB 53 Fachworttrainer Arzneimittelgruppen; alternative Arzneimitteltherapien

1. Ordnen Sie die Fachbegriffe für die Arzneimittelgruppen den deutschen Erklärungen zu, indem Sie jeweils den richtigen Fachbegriff und den entsprechenden Buchstaben in die beiden rechten Spalten eintragen. Bei richtiger Beantwortung ergibt sich von oben nach unten gelesen ein Lösungswort.

	Fachbegriff
T	Antirheumatika
N	Antibiotika
I	Antihypertonika
M	Antikoagulanzien
T	Psychopharmaka
Z	Antiallergika
A	Analgetika
T	Antiphlogistika
G	Expectorantia
R	Antazida
Z	Sedativa
E	Mukolytika
I	Antimykotika
E	Antidiabetika
E	Kontrazeptiva
E	Antitussiva
S	Laxantia
L	Diuretika

Deutsche Erklärung für das Medikament	Fachbegriff	Lösung
gegen Schmerzen	Analgetika	A
zur Neutralisation der Magensäure	Antazida	R
gegen Allergien	Antiallergika	Z
gegen bakterielle Infektionen	Antibiotika	N
gegen Diabetes mellitus	Antidiabetika	E
gegen zu hohen Blutdruck	Antihypertonika	I
zur Hemmung der Blutgerinnung	Antikoagulanzien	M
gegen Pilzerkrankungen	Antimykotika	I
gegen Entzündungen	Antiphlogistika	T
gegen rheumatische Erkrankungen	Antirheumatika	T
gegen Husten	Antitussiva	E
zur Förderung der Harnausscheidung	Diuretika	L
zur Förderung des Abhustens von Schleim	Expectorantia	G
gegen die Empfängnis (‚Verhütungsmittel')	Kontrazeptiva	E
gegen Verstopfung	Laxantia	S
zur Schleimlösung bei festsitzendem Husten	Mukolytika	E
zur Behandlung seelischer Krankheiten	Psychopharmaka	T
zur Beruhigung	Sedativa	Z

2. Ordnen Sie die alternativen Arzneimitteltherapien den Erklärungen zu, indem Sie die Ziffern einsetzen.

1	2	3	4	5
Akupunktur	Bach-Blüten-Therapie	Homöopathie	Phytotherapie	Schüssler-Salze
Diese Therapiemethode behandelt den Menschen ganzheitlich. Die verabreichten Substanzen werden stark verdünnt.	Es handelt sich um die Behandlung mit pflanzlichen Wirkstoffen.	Es werden Pflanzenblüten in verschiedenen Kombinationen verwendet, bekannt sind die sogenannte Notfalltropfen.	Durch die Verabreichung verschiedener Salze, wie z. B. Kieselsäure, soll der Stoffwechsel wieder normalisiert werden.	Nadeln werden an Körperstellen eingestochen, sie stimulieren Nervenzellen, sodass z. B. Schmerzen gelindert werden.
3	4	2	5	1

Lösungskarten zum Ausschneiden für Lernfeld 1, Arbeitsblatt 7, Seite 11

Arbeitsstätten-verordnung	Arbeitszeit-gesetz	Bundesurlaubs-gesetz
Einstellung von Betriebsärzten und Sicherheits-fachkräften	Grundlagen des Unfallschutzes	Produkt-sicherheits-gesetz
Schwer-behinderten-schutz	DGVU-Vorschriften oder berufsgenossen-schaftliche Vorschriften	zuständig: Berufsgenossen-schaften

Dominosteine zum Ausschneiden für Lernfeld 1, Arbeitsblatt 10, Seite 14/15

Arbeitsschutzvorschriften	Haftung aus dem Behandlungsvertrag
Ärztekammer	Jugendarbeitsschutzgesetz
Ausbildungsordnung	Kassenärztliche Vereinigung
Ausbildungsvertrag	Mutterschutzgesetz
Berufsbildungsgesetz	Pflichten der/des Auszubildenden
BGB	Pflichten des Ausbilders/der Ausbilderin
Bundeselterngeldgesetz	Schweigepflicht
Datenschutz	Sorgfaltspflicht
DGVU-Vorschriften oder berufsgenossenschaftliche Vorschriften	unerlaubte Handlung/Delikthaftung
Elternzeitgesetz	VmF

Dominosteine zum Ausschneiden für Lernfeld 2, Arbeitsblatt 2, Seite 17

-algie
-ektomie
endo-
-gen
hyper-
hypo-
intra-
-itis
-logie
-ose
-pathie
prä-
re-
-skopie
-zid